CB132277

Osteoporose

Mais de 100 respostas para suas perguntas

Luis Augusto Tavares Russo
Luiz Henrique de Gregório
Roberto A. Carneiro
Jaime Samson Danowski
Raimundo Grossi

Osteoporose

Mais de 100 respostas para suas perguntas

EDITORA RECORD
RIO DE JANEIRO • SÃO PAULO
2002

CIP-Brasil. Catalogação-na-fonte
Sindicato Nacional dos Editores de Livros, RJ.

O94 Osteoporose: mais de 100 respostas para suas perguntas / Luis Augusto Tavares Russo... [et al.]. – Rio de Janeiro: Record, 2002.

ISBN 85-01-06581-1

1. Osteoporose – Obras populares. I. Russo, Luis Augusto Tavares.

02-1565 CDD – 616.716
CDU – 616.71-007.234

Copyright © Luis Augusto Tavares Russo, Luiz Henrique de Gregório, Roberto A. Carneiro, Jaime Samson Danowski e Raimundo Grossi, 2002

Capa: Olga Loureiro sobre foto de Donna Day.

Direitos exclusivos desta edição reservados pela
DISTRIBUIDORA RECORD DE SERVIÇOS DE IMPRENSA S.A.
Rua Argentina 171 – Rio de Janeiro, RJ – 20921-380 – Tel.: 2585-2000

Impresso no Brasil

ISBN 85-01-06581-1

PEDIDOS PELO REEMBOLSO POSTAL
Caixa Postal 23.052
Rio de Janeiro, RJ – 20922-970

CÓPIA NÃO AUTORIZADA É CRIME
ABDR
ASSOCIAÇÃO BRASILEIRA DE DIREITOS REPROGRÁFICOS
RESPEITE O DIREITO AUTORAL
EDITORA AFILIADA

Agradecimentos

Agradecemos especialmente a cooperação e a dedicação da Sra. Maria da Glória D'Almeida Lima, renomada historiadora, na elaboração final deste livro, auxiliando-nos na organização e ordem das perguntas e respostas contidas na obra.

Agradecemos a todas as pessoas que participaram ativamente nas campanhas de prevenção de osteoporose promovidas pela Sobemom, assim como aos colegas médicos, dirigentes de sociedades e autoridades públicas.

Finalmente agradecemos aos laboratórios da indústria farmacêutica, que sempre nos deram irrestrito apoio nas atividades científicas e nas campanhas da Sociedade.

Os Autores

Sumário

Apresentação

Os autores deste livro são protagonistas de uma longa jornada de combate a esta doença grave e incapacitante, a *Osteoporose*.

Sem dúvida, são grandes parceiros numa história de luta e de abnegação inerentes à própria profissão de médicos, além da necessidade de muitos estudos e pesquisas.

Podemos, com certeza, afirmar que este livro é fruto de mais de dez anos de organização de palestras, eventos, campanhas de prevenção e coordenação de congressos médicos de alto nível científico, onde estiveram presentes, a nosso convite, os maiores especialistas de todo o mundo.

Houve um custo pessoal grande que, no entanto, trouxe enorme satisfação e reconhecimento da comunidade e das sociedades médicas do Rio de Janeiro, do Brasil e mesmo internacionais.

Em 1999, o ministro da Saúde lançou, no Dia Mundial de Combate à Osteoporose (20 de outubro), uma campanha oficial de prevenção da doença.

Acreditamos positivamente que tenha sido em boa parte fruto do "barulho" que este grupo de profissionais incansáveis fez no decorrer destes anos!

Esperamos que as respostas às perguntas colecionadas nos eventos destes últimos anos sejam de grande auxílio — mesmo sem termos a pretensão de esgotar o assunto — para aquelas pessoas que queiram não apenas saber mais sobre o tema, mas que também queiram ser arautos desta verdadeira batalha contra a doença.

Aos nossos amigos, nossos pacientes em especial, nossos familiares, que sempre nos deram apoio, aos colegas médicos que sempre estiveram ao nosso lado em campanhas e em congressos, a todos dedicamos este trabalho.

Dr. Luis A. T. Russo
Coordenador

Introdução

A Organização Mundial de Saúde estima que 200 milhões de mulheres e homens sofram de osteoporose em todo o planeta.

A osteoporose é uma doença caracterizada por diminuição da massa óssea, com conseqüente aumento do risco de fraturas. É, atualmente, uma das principais causas de morbidade e mortalidade da população de idosos, e vem crescendo exponencialmente no Brasil e no mundo.

O custo econômico elevado da doença — com gastos anuais na ordem de 14 bilhões de dólares nos Estados Unidos e de 942 milhões de libras na Inglaterra — tem causado grande preocupação em termos de saúde pública nestes países, e neste momento aflora a necessidade de cuidados de prevenção e detecção precoce também no Brasil.

A osteoporose é uma doença "silenciosa" que atinge grandes proporções no mundo atual. A osteoporose da mulher na menopausa e do idoso é um problema presente em todas as partes do mundo, e o Brasil, que tem uma crescente população de pessoas idosas, vê-se diante de uma doença que pode ser prevenida e evitada, se forem tomados certos cuidados.

A osteoporose é um enfraquecimento progressivo dos ossos, que ficam assim cada vez mais sujeitos a fraturas. Embora possa atingir ambos os sexos, a doença é mais freqüente nas mulheres após a menopausa, devido à diminuição dos hormônios femininos, os estrógenos: uma em cada quatro mulheres, a partir dos

45 anos, sofre de diminuição da massa óssea, podendo o quadro evoluir para osteoporose.

A osteoporose é uma doença que avança lentamente, sem sintomas, ocasionando fraturas, sendo as mais freqüentes na coluna vertebral, nos punhos e no quadril. Além das fraturas, a doença pode provocar deformidades na estrutura óssea, levando à limitação das atividades diárias, o que se constitui em uma ameaça à independência.

Dados do IBGE e da Organização Mundial da Saúde apontam para uma maior longevidade do brasileiro, cuja média de vida está próxima dos setenta anos. O Brasil, que hoje conta com 170 milhões de habitantes e uma população acima de sessenta anos estimada em mais de 10 milhões, tem uma expectativa de ver aumentada a população de idosos acima de 65 anos, que deverá chegar a 30 milhões de pessoas no ano 2025. Atualmente, têm-se aproximadamente 2,6 milhões de fraturas por osteoporose.

Assiste-se, no Brasil, a um verdadeiro *boom* de idosos. A faixa etária de sessenta anos ou mais é a que mais cresce em termos proporcionais (época da vida de maior incidência da doença). Segundo as projeções estatísticas da Organização Mundial da Saúde, entre 1950 e 2025 a população de idosos no país terá crescido 16 vezes contra cinco vezes da população total, o que nos colocará, em termos absolutos, como a sexta população de idosos do mundo.

Estudos recentes projetam que cerca de 20% da população de mulheres idosas pode desenvolver a osteoporose. Calcula-se, hoje, no Brasil, cerca de 4,4 milhões de osteoporóticos, sendo que podemos ter em torno de 800 mil fraturas osteoporóticas e 200 mil fraturas de colo do fêmur por ano.

As pesquisas mostram que mais de 8% das mulheres acima de quarenta anos já apresentariam uma fratura de algum sítio do esqueleto, por osteoporose. Médicos brasileiros acreditam que a incidência no país varia de 18% até 37% de osteoporose nas mulheres pós-menopausadas.

A osteoporose é uma doença preocupante. Quando a destruição do osso é maior que sua reparação, o equilíbrio se desfaz, tornando-o pouco resistente e incapaz de suportar pequenos traumatismos: o osso quebra-se com maior facilidade. As fraturas mais freqüentes são as de vértebras e quadris. As conseqüências: a deformidade na coluna vertebral, perda de estatura e dificuldade de locomoção.

Cerca de 25% das pessoas que sofrem uma fratura de quadril (colo de fêmur) vêm a falecer por complicações circulatórias ou pulmonares no primeiro ano após a fratura. Cerca de 50% ficam incapacitadas de deambular e realizar suas tarefas diárias sem auxílio.

A perda óssea pode ocorrer em qualquer idade e sexo, porém ela é mais freqüente na mulher após a menopausa. Além das mulheres nessa fase da vida, o grupo de risco é formado pelas pessoas claras ou asiáticas, magras, baixas, com história familiar de osteoporose, fumantes, pessoas que fazem uso excessivo de álcool ou café, pessoas com dietas pobres em cálcio, pessoas que fazem uso prolongado de alguns medicamentos, as imobilizadas em uma cama ou cadeira de rodas por mais de dois meses, entre outras.

A menopausa é outra causa, já que, com a parada definitiva da menstruação, o funcionamento dos ovários diminui e cessa a produção do estrógeno, hormônio indispensável para a conservação do osso; com isso, o osso se reabsorve em maior proporção.

Deve-se considerar também como uma causa relevante para a osteoporose a dieta pobre em cálcio, tendo em vista que o cálcio é a base para a formação do osso e está presente nos derivados do leite, verduras, peixes etc.

A herança genética também é motivo de atenção dentre os fatores que promovem a osteoporose, pois a freqüência em pessoas com antecedentes familiares da doença é maior.

A falta de exercício ou a imobilização prolongada é outro dos fatores que colaboram para a osteoporose, tendo em vista que o exercício constitui um estímulo para a formação e fortalecimento dos ossos e que longos períodos de sedentarismo, mesmo por motivos de saúde, comprometem a formação normal do osso.

Dentre as causas da osteoporose, merecem também destaque o uso de medicamentos como os corticóides, os hormônios tireoidianos e anticonvulsivantes e outros que, usados por períodos prolongados, podem favorecer a destruição do osso; e, ainda, o uso de álcool e do fumo, que aumenta a possibilidade de ocorrência da doença.

O mais importante para o tratamento dessa doença é a prevenção e o diagnóstico precoce, tanto para mulheres como para idosos. A prevenção de perda de massa óssea deve iniciar na gestação e prolongar-se pela infância, adolescência, idade adulta, pré e pós-menopausa, nas mulheres. Alimentação rica em cálcio, exercícios de acordo com a faixa etária, exposição à luz solar, alimentos com vitamina D são cuidados que devem ser mantidos na prevenção.

Cuidar da saúde é um dever de todos, e prevenir-se contra a osteoporose faz com que se tenha a vida prolongada e mais saudável e feliz.

Perguntas e respostas por assunto

I.
O que é osteoporose

1. O que é osteoporose?

R: A osteoporose é caracterizada por uma diminuição da massa óssea e uma desorganização da microarquitetura do osso de tal forma que os ossos ficam frágeis e com tendência maior a fraturas.

A osteoporose é uma doença osseometabólica; ela não significa envelhecimento. Atinge uma a cada quatro mulheres aos cinqüenta anos e um a cada dez homens a partir dos 65 anos.

2. O que significa perder massa óssea?

R: A osteoporose é a "perda acelerada" da massa óssea (esta contém cristais de cálcio, fósforo e colágeno). Todos os indivíduos fazem sua massa óssea através de alimentos com cálcio, exercícios e exposição ao sol, alcançando o "pico máximo" de massa óssea por volta dos 30 anos de idade. Daí por diante existe uma perda anual de "osso" de 0,5 a 1%, que é normal (fisiológica).

Um grupo de mulheres após a menopausa (quando existe uma falência de seus ovários), por volta dos cinqüenta anos de idade, têm o processo de perda de massa óssea "acelerado". Isto acontece em mulheres brancas, numa percentagem de 25 a 30%. Os hormônios sexuais femininos são importantes para impedir esta perda de massa óssea.

No homem, na andropausa (quando os hormônios sexuais masculinos decrescem), entre 65 e setenta anos, é que poderia aparecer a osteoporose. Os ossos ficam frágeis na osteoporose e aumenta o risco de fraturas, que são a maior conseqüência desta doença. A osteoporose também pode aparecer em pessoas que fazem uso prolongado de certos medicamentos, como a cortisona e seus derivados e drogas para tratar convulsões.

3. Poderia dar exemplos?

R: Vamos ver. Para quem é leigo, acho esta a melhor resposta para se entender o que é osteoporose.

Vamos à mercearia e pegamos dois queijos com o mesmo volume, ou seja, ocupando o mesmo lugar no espaço. O primeiro é do tipo *minas*, compacto e homogêneo, e o segundo é do tipo *suíço*, todo furado e cheio de espaço por dentro. Qual dos dois você cortará — ou quebrará — com mais facilidade? O *suíço* ou o *minas*? Lógico que é o *suíço*, pois é mais suscetível de ser quebrado e menos pesado. Bem, é assim um osso osteoporótico: com menos peso em unidade de volume e mais suscetível a ter fraturas.

4. A osteoporose pode ser curada ou só se pode melhorar o estado de quem tem a doença?

R: Quando abordada de maneira precoce, quando a perda óssea é inicial e pequena, sem lesar em definitivo as trabéculas (pequenas "pilastras" do osso), a osteoporose pode regredir, desde que seja feito um programa com medicamentos, exercícios, alimentos com cálcio e exposição ao sol da manhã (vitamina D). Nos processos adiantados, apesar de não conseguirmos reverter completamente a massa óssea, sabemos que o tratamento instituído pelo seu médico pode diminuir o risco das fraturas osteoporóticas (fraturas de vértebras, fraturas do colo do fêmur, fraturas do punho e fraturas do úmero).

5. Como se pode evitar o aumento da osteoporose? O que fazer?

R: O mais importante em relação à osteoporose é a prevenção. Quando a pessoa perde 20 a 30% de sua massa óssea, não conseguimos recuperar totalmente essa perda. Então, mais importante do que pensar na cura de uma doença já estabelecida é pensar na prevenção. Entretanto, se a doença já está numa fase mais avançada, hoje temos medicamentos muito eficazes em termos de recuperação de parte dessa massa óssea. Não é possível recuperar toda a massa óssea perdida, mas uma parte importante, e os medicamentos hoje conseguem fazer com que haja uma diminuição acentuada do risco de fratura por osteoporose.

6. Por que a osteoporose atinge mais as mulheres?

R: Primeiro, porque as mulheres têm ossos menores que os homens. Têm menor densidade óssea, por área ou por grama/cm^2 de osso, têm pico de massa óssea também menor em relação aos homens. Os homens têm o pico de massa óssea de 10 a 20% superior às mulheres.

É característica do gênero feminino ter ossos mais frágeis. A mulher, quando entra na menopausa, aos cinqüenta anos — pela privação ou diminuição dos hormônios femininos, o principal deles sendo o estradiol (estrogênio) —, sofre uma acentuada redução da massa óssea, o que não ocorre com o homem da mesma idade, pois este não apresenta o fenômeno de redução dos esteróides sexuais de forma abrupta.

No homem, a redução do androgênio, que é o principal hormônio sexual masculino, tem um decaimento mais lento. Mas o homem também sofre uma redução da sua massa óssea, da ordem de 5% por década, enquanto que na mulher a perda é de 1% ao ano a partir dos cinqüenta anos.

Algumas mulheres do chamado "grupo de risco" perdem até 5% da massa óssea ao ano e, no final de cinco anos, já estão com a chamada osteoporose pós-menopausa.

7. Quais os pacientes de risco que podem desenvolver osteoporose?

R: a) Sexo: a mulher no período da menopausa tem seis vezes mais possibilidade de desenvolver osteoporose do que o homem da mesma idade (45-50 anos); já após os setenta anos, essa percentagem gira em torno de dois para um;

b) Tipo físico: geralmente as pessoas magras e abaixo do peso tendem a desenvolver osteoporose;

c) Fraturas prévias: uma pessoa que já sofreu uma fratura previamente tem de cinco a 12 vezes mais chance de sofrer nova fratura;

d) Quanto à raça: a raça amarela é a que mais tem suscetibilidade de desenvolver osteoporose, seguida da raça branca, da mestiça e, por fim, da negra;

e) Quanto ao uso de drogas, bebidas e doença: pacientes que fazem uso freqüente há muito tempo de tranqüilizantes, corticóides, imunossupressores, bebidas alcoólicas à base de cola são suscetíveis. Doenças como a reumática, o hipertireoidismo podem secundariamente provocar osteoporose;

f) Hereditariedade: pessoas com parentes próximos (mãe, tia, irmã) com osteoporose são as mais suscetíveis e devem precocemente realizar uma densitometria óssea.

8. Qual a incidência de osteoporose no Brasil?

R: A incidência da osteoporose no Brasil é, basicamente, a mesma que se encontra na população de alguns países como os Estados Unidos, por exemplo, principalmente na população de raça caucasiana, que são as mulheres brancas. Sabemos que, após a menopausa, uma em cada quatro mulheres vai desenvolver algum tipo de fratura por osteoporose ao longo da vida, sobretudo a osteoporose pós-menopausa. Esse dado pode ser extrapolado também para o Brasil. Chamamos a atenção também para os outros casos de osteoporose decorrentes de outras doenças, ou de uso de medicamentos.

9. Qual a principal causa de mortes em mulheres que já entraram na menopausa?

R: A principal causa de mortes entre as mulheres é a doença cardiovascular, incluindo-se a doença cerebrovascular. Isso ocorre praticamente no mundo inteiro, superando o número de mortes por câncer de mama e de pulmão (os tipos mais letais). As causas cardiovasculares são maiores, sozinhas, do que a soma de óbitos por câncer. No entanto, vale lembrar que pacientes que sofreram fraturas de colo de fêmur por osteoporose têm 25% de chance de vir a morrer no primeiro ano por complicações pulmonares e cardiovasculares.

II.
Como diagnosticar a doença

10. O patrimônio genético já pode definir as doenças hoje em dia?

R: A genética tem avançado muito, ultimamente. Muitas doenças já tiveram identificado o gene que determinará seu surgimento. Na área da reumatologia, por exemplo, já existe um marcador genético (com nome) para a artrite reumatóide. A espondilite anquilosante é outra doença para a qual já existe um marcador genético, e nós observamos a alta incidência dessas doenças em familiares (tivemos oportunidade de tratar até trigêmeos com essa mesma patologia).

Para a osteoporose, existem genes que poderíamos chamar de candidatos ao desenvolvimento da doença, só que esses genes candidatos não provocariam a doença: eles determinariam o pico de massa óssea que esse indivíduo atingirá durante a vida e que nós sabemos hoje ser um dos principais fatores para o aparecimento da osteoporose.

Os pacientes que têm um pico de massa óssea baixo irão desenvolver osteoporose no futuro. Provavelmente, o futuro mostrará que quase todas as doenças têm a sua origem genética, exceto, evidentemente, as doenças infecciosas.

11. Quem tem mãe com osteoporose também poderá ter a mesma doença?

R: É muito importante para nós, médicos, quando lidamos com uma mulher na menopausa, perguntar se ela tem na família alguém com osteoporose.

A osteoporose é uma doença antes de tudo hereditária, pois 75% do nosso esqueleto é herdado geneticamente. O fator hereditário é extremamente importante. Se uma mulher tem, na família, a mãe com osteoporose, uma tia, parentes muito próximos, principalmente aquelas que sofreram uma fratura, temos de investigar, pois esta mulher é candidata a ser acompanhada mais de perto através da densitometria óssea, que é o principal exame para detectar precocemente qualquer perda de massa óssea.

12. Osteoporose causa dor nos ossos?

R: Não. É muito comum, em conversa com amigos leigos, escutarmos que osteoporose causa dor: não, não causa dor. Quando o paciente que tem osteoporose sente dor nos ossos, devemos pensar em outras patologias ou em fraturas espontâneas que podem ocorrer nesses pacientes. Aí, sim, a fratura causa dor.

13. Minha mãe afirma sentir dor lombar; é por causa da osteoporose?

R: Sabe-se que a osteoporose é considerada uma doença silenciosa. Muitas vezes a pessoa já está com a osteoporose estabelecida, no exame de densitometria óssea, e não tem nenhum sintoma.

No entanto, algumas pessoas sentem alguma dor lombar (lombalgia), um certo desconforto ou uma dor, a compressão das estruturas ósseas, das extremidades, e alguns autores referem ainda que microfraturas ósseas poderiam provocar sintomas dolorosos. Mas, em termos gerais, sabemos que osteoporose só provoca dor se a pessoa apresentou uma fratura, ou seja, uma fratura por compressão vertebral, que é uma fratura dolorosa que leva à lombalgia, dor lombar de quatro a oito semanas, que melhora com ou sem analgésicos.

14. Tenho 58 anos e desde os cinqüenta estou na menopausa, porém não senti os sintomas tão falados. Por quê?

R: A senhora faz parte daquele grupo de 20% de pessoas, de mulheres na menopausa, que não têm sintomas. Mas isso não quer dizer que, no longo prazo, não possa ter osteoporose ou doença coronariana.

Sabemos que a elevação do colesterol é freqüente na maioria das mulheres a partir dos cinqüenta anos, principalmente nas que não fazem reposição de hormônio feminino.

Da mesma forma, elas perdem grande quantidade de seu esqueleto, de sua massa óssea: algumas mulheres chegam a perder até 25% do esqueleto no final de cinco anos. As duas manifestações acabam sendo tardias, ou seja, as complicações do colesterol estão ligadas a doenças coronarianas e ao infarto, que é a maior causa de mortalidade.

A osteoporose está ligada à sua pior conseqüência: as fraturas (que têm também uma alta taxa de complicações, uma alta taxa de mortalidade). Vinte e cinco por cento das pessoas que têm uma fratura do colo de fêmur vêm a falecer no primeiro ano depois do acontecimento.

15. Sobre osteoporose secundária (por causas diversas). Tenho 55 anos. Tenho osteoporose desde os cinqüenta e apesar de todos os tratamentos, a doença continua piorando. Existe uma explicação para isso?

R: Não sei quais foram os tipos de tratamento instituídos. Mas a primeira questão a ser abordada é que uma mulher aos cinqüenta anos com osteoporose não deve ter osteoporose pós-menopausa. A média de idade da entrada da mulher brasileira na menopausa é por volta dos cinqüenta anos. Portanto, não haveria tempo de aparecimento de osteoporose numa mulher de cinqüenta anos. Mesmo em pacientes mais idosas, a osteoporose pós-menopausa deve ser considerada como um diagnóstico de exclusão, isto é, devemos primeiro investigar todas as causas de osteoporose secundária para ter certeza de que essa mulher que entrou na menopausa e está com osteoporose realmente tem osteoporose pós-menopausa.

O número de casos de osteoporose secundária vem crescendo muito nos últimos anos. Mas isso será verdade? Ou será nós, médicos, que estamos diagnosticando mais porque estamos procurando mais? Então é importante que se faça numa paciente como esta — de cinqüenta anos e que não melhora com os tratamentos a que foi submetida — uma investigação minuciosa para osteoporose secundária.

16. Quais são as causas de osteoporose secundária?

R: Uma das causas é o hiperparatireoidismo, que é uma doença que afeta a glândula paratireóide, e muitas vezes é inteiramente assintomática, sendo a osteoporose sua única manifestação. Ela é muito pouco diagnosticada no Brasil. Nos

Estados Unidos, é a terceira maior causa de doenças endócrinas encontradas. É possível que, no Brasil, apesar de pouco diagnosticada, existam muitos casos da doença. Essa é uma causa que tem de ser investigada.

Existem outras causas para a osteoporose secundária, como doenças em que há má absorção intestinal. Se a pessoa tem doenças do aparelho digestivo, estômago, intestino, e que não absorve o cálcio, poderá ter osteoporose secundária conhecida como síndromes disabsortivas.

Uma outra causa são as doenças renais: se a pessoa tem deficiência na eliminação de cálcio, vai desenvolver uma osteoporose secundária à doença renal.

Finalmente, há as doenças que poderíamos considerar malignas — os tumores malignos —, em especial uma em que ocorre um tipo de câncer da medula óssea chamada mieloma múltiplo, que em geral atinge pessoas mais idosas e em que a única queixa é a osteoporose e uma dor na coluna.

Então é importante que o médico, ao avaliar uma paciente com osteoporose, investigue primeiro se há osteoporose secundária para, então, afirmar que se trata de fato de osteoporose pós-menopausa.

A explicação para a não-resposta ao tratamento dessa paciente talvez seja a seguinte: trata-se de osteoporose secundária que só vai melhorar quando essa causa primária que estaria levando à osteoporose for diagnosticada e tratada.

17. A osteoporose tem alguma coisa a ver com os sintomas da menopausa? E a mulher que não tem sintomas de menopausa?

R: A osteoporose é uma conseqüência tardia da menopausa. Alguns sintomas agudos da menopausa incluem os chamados *fogachos*, que são aquelas ondas de calor noturnas, uma transpiração excessiva principalmente no rosto, na face e no tronco e que passa naturalmente, sem qualquer medicação. O ressecamento da pele e da mucosa vaginal e as alterações urinárias são também sintomas agudos.

Todos esses são sintomas decorrentes da falta de estrogênio. Já a osteoporose é uma conseqüência mais tardia da menopausa. assim como o maior risco de doenças cardíacas é também conseqüência tardia da deficiência de estrogênio. Mesmo mulheres que não apresentam sintomas agudos da menopausa podem apresentar risco maior de desenvolver osteoporose.

18. Há um ano sofro de tireoidite (doença na tireóide). Há risco de haver um infarto ou câncer? E a osteoporose?

R: Não. A pessoa que sofre de problema de tireóide, como tireoidite, na maioria das vezes precisa apenas utilizar a reposição de hormônio, mas não o hormônio feminino: é o hormônio da tireóide.

A tiroxina ou LT 4 — levotiroxina — é a substância usada para reposição de hormônio tireoidiano, que na realidade é o único tratamento para tireoidite — tireoidite crônica de Hashimoto, a forma mais comum dessa doença. Não há risco de desenvolvimento de infarto nem de câncer, principalmente se a pessoa utilizar as doses adequadas e for acompanhada por especialistas (um endocrinologista seria o especialista mais indicado).

Da mesma forma, não há contra-indicação para o uso de hormônio feminino (o estrogênio) em associação com hormônio tireoidiano. Doses altas do hormônio da tireóide, no entanto, podem ser causa de diminuição da massa óssea e de osteoporose.

19. O que é fibromialgia? Ela é sintoma da osteoporose?

R: A fibromialgia é uma doença muscular, com pontos dolorosos, e é relacionada geralmente com o sistema nervoso. Deve ser tratada com antidepressivos e relaxantes musculares.

20. Meu médico falou de alterações fisiopatológicas no metabolismo de carboidratos, associadas à aterosclerose e à doença coronariana. Quais são estas alterações?

R: A principal alteração fisiopatológica é a resistência à insulina. À medida que a idade avança, tem-se a deterioração do metabolismo dos carboidratos, que pode ser associada à doença coronariana. A resistência à insulina corresponde a uma diminuição da sensibilidade dos tecidos à insulina, ocorrendo o que chamamos de hiperinsulinemia.

A insulina aumenta a síntese hepática de VLDL, que por sua vez eleva os níveis de triglicerídeos. Pode, assim, ser associada à hipertensão arterial e ao favorecimento da formação da placa ateromatosa.

21. O colesterol é realmente ruim? Qual a taxa ideal?

R: Sem dúvida alguma o colesterol elevado é fator de risco para o desenvolvimento de doenças cardiovasculares, doenças coronarianas e infarto agudo do miocárdio. As taxas consideradas ideais vão até 240 mg por decilitro. O que a literatura médica considera é o seguinte: o valor ideal é até 200 mg/dl. De 200 a 240 mg/dl, é uma faixa considerada limítrofe, e acima de 240 mg/dl haveria um risco maior de desenvolver doenças cardíacas.

22. Quando a dor nos quadris é constante e forte e há também dor nas costas, o que fazer? A osteoporose já está em estágio avançado? Já se está correndo algum risco?

Neste quadro, deverão ser procuradas outras causas para estas dores, principalmente processos articulares (coluna, articulações da bacia etc.). A osteoporose pode não ser a causa destas dores. Procure um médico da área do aparelho osteomusculoarticular para orientar o diagnóstico e o tratamento.

23. Tenho 49 anos e venho sentindo ondas de calor que se espraiam do tórax para o pescoço e a cabeça, acompanhadas de intensos suores. Essas ondas são mais intensas à noite e no verão, o que acaba me levando a ter insônia. Depois das ondas de calor, sinto calafrios. Também percebo que, quando me aborreço no decorrer do dia, as ondas de calor são mais intensas, e sinto também pressão na cabeça, náuseas e uma sensação de sufocamento. Por que tenho esses sintomas? Eles se relacionam com a osteoporose?

Não, eles têm relação com uma perturbação do centro termorregulador do hipotálamo (região do cérebro). Existem muitas explicações para essas ondas de calor. Elas acontecem através de ativação de mecanismos de perda de calor — como vasodilatação, sudorese e ajustes comportamentais — e de mecanismos de conservação de calor — como vasoconstrição, ajustes comportamentais e calafrios, que ocorrem em seguida.

O mecanismo das ondas de calor ainda não foi totalmente definido, mas, em geral, não vemos correlação entre os níveis absolutos de concentrações de estrógenos e a ocorrência de sintomas vasomotores. Mas as ondas de calor podem ocorrer durante tratamentos com algumas drogas que apresentem efeito antiestrogênico ou que diminuam o nível de estrógeno circulante.

É importante frisar que nem todas as mulheres pós-menopáusicas apresentam sintomas vasomotores. As ondas de calor, aparentemente, são desencadeadas pela retirada dos estrógenos. Mesmo na ausência de lesões orgânicas ou funcionais, o climatério pode ser acompanhado de manifestações clínicas, e os sintomas vasomotores — ondas de calor e sudorese — são os mais comuns.

Cerca de 75% das mulheres climatéricas apresentam ondas de calor que podem durar semanas e prolongar-se até por alguns anos. Os demais sintomas citados são também comuns e acompanham os sintomas vasomotores, mas depois de alguns anos a tendência é que cessem.

24. Estou com 51 anos e há um ano sinto certa instabilidade emocional: irritabilidade, depressão, apatia, desejo de chorar. Tenho também ondas de calor e minha menstruação tornou-se irregular nos últimos seis meses. O que faço?

R: Em geral, as pacientes com depressão durante a transição menopausal apresentam antecedentes de depressão, estresse e outros sintomas. Os fatores psicossociais são os principais preditores da depressão durante o período menopausal. Esses sintomas parecem ser mais freqüentes em mulheres que previamente acreditavam que a menopausa traria uma série de problemas físicos e emocionais, embora fatores externos, como emprego, alterações no estado marital etc., possam também influir e contribuir para o risco de depressão. É importante que essa transição seja acompanhada pelo médico, para que os sintomas possam ser tratados corretamente.

III.
Como prevenir a doença

25. O que é a densitometria óssea?

R: A densitometria óssea é um método de avaliação da massa óssea. É o exame principal para se detectar a osteoporose. É um método de raios X computadorizado, que emite baixíssima radiação e tem a capacidade de detectar qualquer perda de massa óssea precoce que ocorra na mulher entre 45 e cinqüenta anos.

Aquelas mulheres que têm, na família, casos de osteoporose, que tomam pouco leite, não fazem exercícios, consomem muito café e álcool, que fumam, usam ou utilizaram cortisona por tempo prolongado, usam hormônio tireoidiano, que tiveram problemas de tireóide e diabetes são candidatas a fazer anualmente a densitometria óssea e terem acompanhamento após o período da menopausa.

A densitometria pode ser realizada na coluna, no fêmur e no antebraço. São os sítios mais freqüentes de fraturas. Atualmente o método mais utilizado é o Dexa, chamado de densitometria por absorção de fótons de dupla energia.

O equipamento foi desenvolvido nos Estados Unidos e está em plena utilização no nosso meio há aproximadamente dez anos. No Rio de Janeiro, a Sociedade de Densitometria Óssea (Soderj) dita as normas para utilização desse equipamento.

26. Em dois exames de densitometria óssea, feitos no espaço de dois anos, apresentei uma perda de 5% de massa óssea, embora a bolinha esteja na camada verde do diagrama. Já há

necessidade de tomar remédio, ou bastam simplesmente sol, caminhada e alimentação adequada?

R: A pergunta é muito boa. Apesar de a massa óssea ainda estar na faixa normal, a perda de 5% no final de dois anos sugere que a pessoa está perdendo osso muito rapidamente. Essa pessoa deve fazer uma dosagem urinária de um marcador de bioquímico ósseo chamado NTX.

O marcador bioquímico NTX é produto da degradação do colágeno que forma o osso. Na segunda urina da manhã e, mais modernamente, no sangue, podemos, associando este método à densitometria, observar se a pessoa está tendo uma alta taxa de reabsorção óssea e verificar se está perdendo muito osso.

Mesmo que ela não esteja ainda em níveis considerados de osteopenia, que seria abaixo de um desvio-padrão da média de massa óssea da população do adultos e jovens, nós indicaríamos, além de uma nutrição adequada, a caminhada e exposição ao sol e a utilização de reposição hormonal.

Caso haja contra-indicação para reposição hormonal, atualmente temos outros medicamentos que podem ser utilizados, entre eles o Raloxifeno. Os bifosfanatos, dos quais o mais utilizado é o alendronato de sódio e um novo bifosfanato, que é o risidronato, podem ser utilizados para prevenir a perda de massa óssea acentuada no período da pós-menopausa.

27. Fiz uma cirurgia do fêmur, mas, numa avaliação após uma densitometria óssea, constatou-se apenas uma artrose. Convivo hoje com uma prótese. Tenho tendinite nas duas pernas, nas laterais da coxa. Existe cura para a tendinite?

R: A densitometria óssea não diagnostica artrose; a densitometria é um exame de valor para o diagnóstico de osteoporose densitométrica. O diagnóstico da artrose deve ser feito clinicamente e pelo estudo de imagem (radiografia, ressonância magnética e tomografia computadorizada). Seu médico deve orientar o diagnóstico e, se for tendinite, existe tratamento, através de medidas locais e gerais. A prótese deve ser avaliada para ver se está bem colocada.

28. De quanto em quanto tempo é necessário fazer o exame para prevenir a osteoporose?

R: Inicialmente, importa saber quando fazer o primeiro exame. Toda mulher, quando começa a apresentar os sintomas do climatério, deve procurar um médico, que indicará um serviço de densitometria óssea para que realize seu primeiro exame. O resultado fará com que se tenha uma idéia do pico de massa óssea.

Depois de um ano o exame deve ser repetido para avaliação da perda ou da estabilização da massa óssea. Se a mulher está perdendo massa óssea, naturalmente vai ter de iniciar um programa de prevenção de osteoporose; se vai utilizar algum medicamento, deve repetir o exame anualmente para que se possa observar a evolução da doença. A quantificação da melhora ou piora da paciente fará com que o médico prossiga com a mesma medicação ou a altere.

Nas pacientes que não perderam massa óssea no primeiro ano, o médico vai determinar a freqüência do exame, que pode ser a cada dois ou três anos.

29. Como evitar que uma osteopenia chegue a uma osteoporose? Que medicamentos devem ser usados?

R: Inicialmente, precisamos esclarecer que existem diversos graus de osteopenia.

É difícil responder diretamente que uma osteopenia não chegará a uma osteoporose. Se, por exemplo, a osteopenia já tiver ultrapassado um determinado grau, é preciso fazer uso de medicamentos. Se for uma osteopenia primária (pós-menopausal), ou uma osteopenia senil, vamos utilizar os medicamentos que inibem a reabsorção óssea, isto é, medicamentos à base de alendronato, calcitonina, risedronato, ipriflavona, raloxifeno e reposição hormonal. Os medicamentos utilizados para inibir a reabsorção óssea evitam que pacientes que já estejam com osteopenia mais avançada (o termo não é mais utilizado) não desenvolvam osteoporose.

Se o paciente é idoso, por exemplo, e tem uma osteopenia senil, em grau não muito avançado, basta usar cálcio com vitamina D e atividade física. Geralmente, com isso se evita que um paciente de idade mais avançada vá desenvolver a osteoporose. Se, no entanto, o grau de osteopenia for mais avançado, o paciente terá um risco de fratura maior. É preciso, então, ter uma intervenção mais agressiva.

30. E quais os alimentos mais adequados?

R: Em relação aos alimentos, todos aqueles que contêm cálcio são indicados para prevenir qualquer tipo de osteopenia. Qualquer pessoa, mesmo numa fase mais precoce e que esteja desenvolvendo massa óssea, deve consumir alimentos ricos em cálcio.

É preciso que esse paciente tenha uma dieta adequada em cálcio. E quais são os alimentos que contêm cálcio? Leite, derivados de leite, verduras e peixe. Em pacientes que fazem uso de drogas anti-reabsortivas para evitar que a osteopenia se transforme em osteoporose, nós sempre complementamos com cálcio. A ingestão mínima diária de cálcio deve ser de 1 grama e esta é a maneira mais segura de nos certificarmos de que o paciente conseguirá consumir esta quantidade. Não estamos, neste caso, prevenindo um quadro de osteopenia e sim de osteoporose.

31. Gostaria de saber se, após uma histerectomia total ou parcial, entramos na menopausa antecipada.

R: Inicialmente, vamos definir o que é histerectomia total ou parcial. Na verdade, estes são termos utilizados no meio leigo, onde se diz que a histerectomia total é aquela em que se retiram o útero e os dois ovários; na histerectomia parcial apenas o útero é retirado.

Na histerectomia total, quando se retiram os dois ovários, a mulher entra na menopausa. Na histerectomia parcial, quando se retira apenas o útero — preservando-se os ovários —, a mulher não entra imediatamente na menopausa porque os ovários continuam trabalhando, continuam produzindo o estrogênio.

Em alguns casos, essas pacientes têm sua menopausa antecipada; fazem uma menopausa mais cedo do que aquelas que não sofreram cirurgia. Mas, durante algum tempo, elas continuam produzindo hormônio e não entram na menopausa. Entretanto, como não apresentam sangramento menstrual, que é o fenômeno visível pela população leiga, elas às vezes pensam que estão na menopausa.

Mas os ovários podem ainda estar ainda funcionando durante algum tempo antes de a mulher entrar definitivamente na menopausa. Isso deve ser avaliado pelo médico através de exames clínicos e laboratoriais.

32. Tenho 56 anos e estou com a pele muito ressecada, parecendo a pele de uma pessoa de setenta anos. O que fazer?

R: Pele ressecada é uma das queixas decorrentes da diminuição dos hormônios femininos — do estrogênio — após a menopausa. Mas é também um sintoma que pode estar presente em uma série de outras patologias. Portanto, primeiro é preciso avaliar se há alguma outra situação que leve a este ressecamento de pele.

Se o ressecamento for devido exclusivamente à menopausa, a terapia de reposição hormonal melhora muito não só o ressecamento da pele como o da mucosa vaginal.

A TRH seria um dos tratamentos indicados, associada a tratamentos locais, como o uso de hidratantes.

33. Tenho 61 anos e, aos 51, retirei um mioma uterino, com a retirada também do ovário e das trompas. Não faço reposição hormonal. Qual o meu risco de vir a ter osteoporose?

R: Essa mulher entrou na menopausa aos 51 anos em decorrência da cirurgia (é o que chamamos de menopausa cirúrgica) e, a partir daí, ficou sem os seus hormônios femininos, sem o estrogênio, e ela — como qualquer mulher que entra na menopausa — terá um risco maior de desenvolver a osteoporose.

Se apresentar também fatores genéticos de história familiar de osteoporose e outros que chamamos de fatores clínicos de risco para osteoporose — como uma ingestão inadequada de cálcio, falta de atividade física, uso de medicamentos que podem levar à osteoporose —, então essa mulher apresentará um risco ainda maior de desenvolvimento da osteoporose.

34. A pessoa que começa a fazer tratamento contra osteoporose deve fazê-lo a vida toda?

R: Nos primeiros cinco a dez anos após a menopausa, a perda óssea é mais acentuada. Então, se essa mulher usar medicamento por dez anos, já terá um benefício muito grande com relação à prevenção da osteoporose. Mas, se conseguir utilizar por mais tempo e até mesmo por toda vida, esse benefício será ainda maior.

35. Que cuidados devem ser tomados por pessoas idosas ou por pacientes portadores de osteoporose?

R: Alguns cuidados são:

- Ao subir ou descer escadas, segure sempre no corrimão, observando bem os degraus. Necessitando de óculos, use-os sempre.
- Deixar as luzes do quarto ou do abajur ao lado da cama acesas durante a noite. A luz pode ser de baixa intensidade, o suficiente para clarear o quarto, evitando a escuridão.
- Não use ceras no assoalho; pisos escorregadios devem ser evitados.

- Procure deixar acesa a luz do banheiro à noite. Evite a escuridão. Ao sentar no vaso sanitário, procure fazê-lo devagar.
- Ao levantar da cama, faça-o com movimentos vagarosos, ficando sentado mais ou menos dois minutos antes de iniciar o caminhar, evitando assim tonteiras e desequilíbrios.
- Evite o uso de calçados e chinelos soltos, e também calçados com solado muito liso.
- Procure evitar tapetes soltos nos quartos e salas, pois podem escorregar sobre o piso. Ao pisar em tapetes, faça-o devagar e com cuidado.
- Use sempre seus óculos, se deles necessita. Procure corrigir as lentes pelo menos anualmente, visitando seu oftalmologista.
- Evite caminhar em locais sem iluminação ou pouco iluminados. Evite também caminhar no meio de multidão e evite ruas com calçamento danificado e com buracos.
- Mantenha um copo com água ao lado de sua cama à noite, para evitar que tenha de se levantar várias vezes durante a noite.
- Não levante ou carregue grandes pesos; ao fazê-lo, mantenha o peso junto ao tronco.
- Cuidado ao brincar com crianças, pois geralmente essas brincadeiras são violentas para sua faixa etária.
- Faça exercícios adequados à sua idade. Caminhar ao ar livre pela manhã, de quarenta a sessenta minutos por dia, é um excelente exercício para os ossos.

IV.
Como tratar a doença

36. Já estou com osteopenia. O que fazer para aumentar a massa óssea?

R: Isso vai depender, em primeiro lugar, da idade dessa pessoa que está com osteopenia. Se tem osteopenia porque não atingiu seu pico de massa óssea — já que atingimos o pico de massa óssea em torno dos 30 anos —, a forma de se aumentar a massa óssea é uma dieta rica em cálcio e atividade física, desde que essa osteopenia seja de origem genética, isto é, determinada geneticamente.

Caso não haja nenhuma outra doença que provoque uma osteopenia secundária, então o primeiro fator é a idade, para saber se a pessoa adquiriu o pico de massa óssea; o segundo fator é saber se existe alguma doença que predisponha ao aparecimento de uma osteopenia. Se a paciente que tem osteopenia já está na menopausa, a forma de se aumentar a massa óssea é fazer a reposição hormonal.

Esse paciente — ou essa paciente — que tem osteopenia (falamos *esse* paciente de propósito, para lembrar que a osteopenia também acomete homens) precisa ser investigado porque para essa osteopenia a conduta é completamente diferente. Mas, se a paciente com osteopenia já tem mais de 65, 70 anos, uma das formas de se aumentar a massa óssea é utilizar cálcio associado à Vitamina D e exercício.

37. Uma pessoa tem 76 anos, é portadora de osteoporose, sofreu fratura de colo de fêmur e tem dificuldade de manter o membro em abdução (aberto). Nesse caso, foi prescrita fisio-

terapia com ausência de carga. Gostaria de saber se há limitações para esta paciente, já que seu estado nutricional não é adequado, existe perda de massa muscular (caquexia). O único acompanhamento é de movimentos ativos passivos feitos por mim (que lhe presto assistência).

R: Esse é um caso extremamente complexo, porque se trata de um paciente com 76 anos e osteoporose com fratura. Osteoporose com fraturas é um quadro grave, porque um paciente que já teve uma fratura tem uma chance duas vezes maior de ter uma segunda fratura.

Então, a primeira providência é estabelecer para esse paciente um tratamento para osteoporose. No caso, o medicamento indicado é um bifosfanato (alendronato ou risedronato), que, além de aumentar a massa óssea, protegerá o paciente de uma nova fratura.

Neste paciente, é preciso investigar a causa da anquilose. A anquilose é uma perda dos movimentos de uma articulação, neste caso, do joelho. Torna-se necessário um trabalho de fisioterapia como o que está sendo feito, com movimentos ativos e passivos, mas com o objetivo de minimizar ou melhorar essa anquilose do joelho esquerdo.

A dificuldade de manter o membro em abdução (aberto) provavelmente decorre da colocação de parafuso e isso teoricamente não teria solução, a não ser que o parafuso fosse retirado e esse paciente submetido a nova cirurgia para a possível colocação de uma prótese.

Mas para um paciente de 76 anos, com estado nutricional inadequado, perda de massa muscular e caquexia, uma nova cirurgia é extremamente complexa. Então, o paciente deve fazer um tratamento para osteoporose, continuar com a fisioterapia com movimentos ativo e passivo, melhorar seu estado nutricional através de uma consulta a um nutricionista para estabelecer suas necessidades nutricionais.

38. Tenho 43 anos e desde os 14 faço fisioterapia, pois sinto muitas dores pelo corpo. Gostaria de saber que providência tomar, pois já fiz vários tratamentos.

R: Uma pessoa que desde os 14 anos tem dores pelo corpo e faz fisioterapia deve ter alguma deformidade na coluna — e para isso faz a fisioterapia. Se aos 43 anos a fisioterapia não resolveu esse problema, não mais o fará. Então, a primeira providência a ser tomada é saber que tipo de deformidade essa paciente tem na coluna; em seguida, investigar se a deformidade inicial, que apareceu aos 14 anos, não gerou outro problema na coluna, e por isso essa paciente continua a apresentar dores pelo corpo.

Outra causa de dores pelo corpo é a fibromialgia. Não se trata de dores localizadas, como na coluna, mas há dores pelo corpo todo, que estão muito relacionadas com o estado emocional do paciente.

Portanto, se além dos distúrbios do sono essa paciente sente dores pelo corpo todo e tem algum distúrbio emocional, ela poderia ter um quadro de fibromialgia, mas os sintomas são muito vagos. A primeira providência a ser tomada é consultar um reumatologista para avaliar que tipo de problema estaria provocando essas dores pelo corpo todo.

Por vezes não é um problema reumático que provoca dores no corpo: a pessoa pode ter manifestações dolorosas de outra doença, uma doença sistêmica. Um exemplo disso é a glândula tireóide, que provoca dores pelo corpo e é uma causa muito comum de dores musculares. O primeiro passo, portanto, é um diagnóstico preciso do problema que provoca as dores pelo corpo.

39. Qual a diferença entre densitometria óssea e ultra-som do calcâneo?

R: A densitometria óssea é o exame capaz de medir com precisão a massa óssea da paciente e detectar se está havendo perda de massa óssea, ou seja, se a paciente está desenvolvendo uma osteoporose; já o ultra-som do calcâneo não é uma medida da massa óssea. É um método capaz de detectar, em uma população, quais pacientes têm o risco de desenvolver uma fratura. Entretanto, a densitometria óssea é o método de eleição, porque é capaz de detectar a perda da massa óssea nos locais onde as fraturas ocorrem com maior freqüência, isto é, a coluna lombar, o quadril ou colo do fêmur e o punho.

40. O exame de densitometria óssea de punho tem valor para detectar a osteoporose?

R: Sim. A densitometria de punho é uma medida também confiável e é capaz de avaliar a massa óssea no antebraço, que é um local onde também ocorrem fraturas com freqüência (mais de 200 mil fraturas/ano nos EUA). Os trabalhos têm mostrado que a densitometria do punho é útil para prever futuras fraturas tanto de punho como da coluna e do quadril.

V.
Nutrição e cálcio

41. Quais os alimentos que contêm cálcio?

R: É importante frisar que temos sempre de tentar extrair o cálcio da natureza, ou seja, dos alimentos que ingerimos diariamente. Os alimentos mais ricos em cálcio são o leite e derivados: laticínios, como queijo e iogurte.

Um copo de leite cheio contém 300 mg de cálcio, não importa se leite normal ou leite desnatado. Outros alimentos que contêm cálcio são alguns vegetais como couve, brócolis, chicória. A cebola parece ter uma ação — não que ela seja rica em cálcio — anti-reabsortiva óssea. Outro alimento importante é o tofu, ou queijo de soja.

Alguns peixes, como sardinha, salmão e viola, e frutas como laranja e tangerina, são ricos em cálcio.

FONTES ALIMENTARES NATURAIS DE CÁLCIO

Alimento (100 g)	Cálcio (mg)	Alimento (100 g)	Cálcio (mg)
Abóbora, brotos de	149	Centeio em grão	55
Acelga, folhas	112	Cevada torrada	55
Agrião	168	Chá comercial	400
Almeirão	70	Chocolate c/amêndoa açucarado	206
Ameixa seca	62	Chocolate com leite açucarado	216
Ameixa do Pará	45	Coalhada	490
Amêndoa	254	Coco da Bahia ralado seco	108
Aspargo cru	25	Coentro	110
Aveia instantânea	392	Cominho em pó	1.098
Avelã	287	Coração de galinha	23

Azeitona verde	122	Corvina seca c/molho tomate	330
Bacalhau salgado prensado dessecado	50	Couve-flor crua	122
Badejo cru (peixe)	181	Couve-flor cozida	22
Banana maçã	30	Couve manteiga	330
Batata-doce amarela frita	45	Creme de leite magro	97
Batata-doce, folhas	98	Doce-de-leite	176
Beiju	158	Erva-doce	43
Beterraba, folhas	114	Ervilha em conserva	32
Biscoito salgado	49	Ervilha seca inteira	73
Bolo de trigo	217	Escarola	70
Brócolis, flores cruas	400	Espada salgado, peixe	151
Brócolis, flores cozidas	130	Espinafre cru	95
Brócolis, folhas	513	Farinha de amendoim	61
Bucho de boi	92	Farinha de aveia nacional crua	69
Café em pó	84	Farinha láctea	260
Café solúvel	179	Farinha de peixe	4.610
Caju	50	Farinha soja baixo conteúdo gordura	324
Camarão cozido	96	Farinha de trigo 74% de extração	92
Camarão em conserva	145	Feijão-branco miúdo	476
Camarão seco industrial	164	Feijão-preto uberabinha	145
Canela em casca	1.076	Figo em calda	68
Carne da cabrito salgada	66	Flocos de cereais	550
Carne de faisão	49	Folhas de mandioca	303
Carne de frango grelhada	24	Geléia de frutas	18
Carne de vitela sem osso guisada	103	Gema de ovo de galinha cozido	123
Castanha-do-pará	172	Gergelim, sementes	417

Cebolinha branca, bulbo cru	69	Girassol, sementes	117
Cebolinha, folhas	64	Goiaba, geléia	43
Grão-de-bico cozido	24	Pão de cevada	60
Hortelã, folhas e talo	138	Pão de glúten	45
Iogurte	120	Pão de milho caseiro	110
Lagosta cozida	76	Peixe de água doce frito	124
Laranja	45	Peixe de água doce salgado	190
Leite condensado	262	Pescada em conserva	136
Leite de cabra	200	Pêssego em calda enlatado	26
Leite de vaca desnatado	124	Pimentão maduro cru	45
Leite de vaca desidratado, leite integral	909	Queijadinha de coco	125
Leite desidratado desengordurado	1.500	Queijo Cavalo Italiano	635
Leite desidratado semidesidratado	960	Queijo Cheddar	810
Lentilha seca cozida	18	Queijo-de-minas Frescal	685
Lima	55	Queijo Emental	1.100
Língua de boi defumada	38	Queijo Gorgonzola	1.080
Lula cozida	56	Queijo Gruyére	1.200
Macarrão caseiro	32	Queijo Parmesão	1.357
Mandioca cozida	28	Queijo Prato	1.023
Mandioca frita	54	Queijo Provolone	925
Mandioquinha ou batata-baroa	45	Queijo Roquefort	315
Manjuba salgada	530	Rabanete	138
Marisco, carne dessecada	188	Rapadura	174
Melão	17	Repolho cozido	47
Merluza (peixe) dessecado	190	Requeijão comum	80

Morango, suco	43	Sal refinado	253
Mostarda amarela, condimento	333	Salmão em conserva	66
Mostarda crespa, folha cozida	220	Salsa	195
Nescau	152	Sardinha em conserva com azeite	402
Nozes	83	Sardinha salgada	200
Orégano	232	Siri, carne	107
Ovo de codorna	62	Sorvete de creme	150
Ovo de galinha frito	65	Tâmara dessecada	72
Ovo de galinha inteiro cozido	54	Tomate, extrato	56
Ovo de galinha, gema cozida	123	Tremoço amarelo cozido	211
Ovomaltine	59	Truta defumada	36
Palmito em conserva	61	Vagem comum crua	55
Pamonha	18	Waffles	192
Panqueca	158		

42. Não confio no teor de cálcio do leite de caixinha. Seria o leite em pó o melhor?

R: Não. Na realidade, o que importa é que a pessoa faça uma dieta rica em derivados de leite, seja em pó ou de caixinha.

Um copo de leite em pó, o desnatado ou o de caixinha tem 300 mg de cálcio.

Os Institutos Nacionais de Sáude (NIH), dos EUA, preconizam que a dose ideal de cálcio, para uma mulher na menopausa, seria de um grama de cálcio ao dia, portanto, no mínimo, devem-se tomar dois a três copos de leite (e outros alimentos ricos em cálcio) e 1,5 grama caso não se faça reposição hormonal. Nunca se deve tomar mais de dois gramas, pois há risco maior de desenvolver um cálculo renal.

Caso a pessoa não goste de leite e derivados, pode-se lançar mão do uso de pastilhas de cálcio.

43. Gostaria de saber se o leite em pó ou o leite longa vida têm cálcio suficiente para as necessidades de uma pessoa na prevenção da osteoporose.

R: Qualquer forma de leite contém cálcio; o leite desnatado, na verdade, não contém gorduras, mas contém cálcio. O leite longa vida e o leite em pó contêm cálcio.

O que precisamos é ingerir uma quantidade de leite suficiente para repor ou suprir aquela quantidade de cálcio de que o organismo necessita diariamente.

Essa quantidade é de 1.000 mg/dia na mulher que está fazendo reposição hormonal, e as que não fazem reposição hormonal necessitam de 1.500 ml/g de cálcio/dia. Temos de ingerir uma quantidade suficiente não só de leite, mas de outros alimentos que contêm cálcio para suprir essa necessidade de 1.000 a 1.500 ml/g dia de cálcio nos adultos.

44. Tomei cálcio pela manhã e após o almoço, durante nove meses, e agora o médico mandou parar por três meses, e engordei três quilos. Foi o cálcio? Foi o remédio?

R: Não. Em primeiro lugar, o cálcio não é um remédio. O cálcio é um nutriente e dessa forma deve ser encarado. Ele não é tratamento, é um coadjuvante da reposição hormonal ou do tratamento da osteoporose.

Toda pessoa que faz tratamento para massa óssea, para osteoporose, deve associar uma reposição de cálcio, seja pelos nutrientes (pelos alimentos), seja por um complemento com pastilhas de cálcio.

Ele não leva ao aumento de peso, assim como o hormônio feminino e os outros medicamentos para o tratamento da osteoporose também não o fazem.

45. O consumo constante da ricota é bom para a prevenção da osteoporose?

R: Sem dúvida alguma, a ricota, como todo tipo de queijo e outros derivados do leite, é rica em cálcio, um nutriente importantíssimo na prevenção da osteoporose. As pessoas com tendência a apresentar colesterol elevado devem dar preferência, na sua alimentação, ao leite desnatado e aos queijos com baixo teor de colesterol. Cem gramas de ricota contêm 680 mg de cálcio.

46. Os remédios para emagrecimento devem ser evitados?

R: Remédio para emagrecimento deve ser utilizado sob orientação médica. Algumas pessoas podem necessitar de medicamentos, além de uma orientação dietética e de aumento de atividade física, para auxiliar no emagrecimento. Eles podem ser bastante benéficos, desde que bem utilizados.

O mais importante em relação ao emagrecimento e à menopausa é que nós sabemos que as pessoas que perdem peso muito rapidamente ou que fazem dietas muito restritivas, em que há uma ingestão inadequada, uma ingestão insuficiente de cálcio, fibras e proteínas, podem ter uma diminuição da sua massa óssea. Podem apresentar também uma diminuição da massa muscular em decorrência dessa dieta muito rígida, que deve então ser evitada.

A pessoa deve seguir uma dieta equilibrada, que promova uma perda de massa gordurosa, sem que haja prejuízo à massa magra ou à massa muscular e também à massa óssea.

VI.
Exercícios

47. Tenho 65 anos e artrose de joelhos. Quais exercícios posso fazer?

R: Artrose é uma doença em que ocorre uma degradação da cartilagem articular. Em todo quadro de artrose, principalmente a de joelhos, é importante a atividade física, mas vai depender muito do grau da doença que essa pessoa apresenta. Se ela tem uma artrose de grau 4 ou grau 5, em que existe uma degradação muito grande da cartilagem, os exercícios têm de ser muito suaves, de preferência os realizados dentro d'água, para diminuir a carga do peso do corpo sobre o joelho.

Se o paciente tem uma artrose grau 1, 2 ou 3, em que ainda existe uma cartilagem mais ou menos preservada nos joelhos, deve fazer exercícios para fortalecer a musculatura da coxa e da perna, porque isso dará uma proteção muito maior aos ligamentos dos joelhos e favorecerá a mobilidade. Para quem tem artrose, mais importante do que fazer exercícios é perder peso. Porque geralmente o paciente que tem artrose no joelho acaba se poupando em virtude da dor, não faz atividade física e engorda, o que provoca uma sobrecarga natural de peso sobre o joelho. Devemos apenas evitar os exercícios que forcem muito o joelho, como, por exemplo, os realizados com pesos. Só pacientes com artrose bem leve devem fazer exercícios desse tipo, mas é preferível que desenvolvam a musculatura sem o uso de pesos.

48. Existe alguma terapia, além dos medicamentos, para prevenir uma fratura na osteoporose?

R: Os exercícios físicos são indicados. Existe uma inclinação muito grande para os exercícios antigravitacionais (terrestres).

A caminhada é a mais indicada, por ser raramente contra-indicada por outras especialidades médicas. Em 1999, no Congresso Americano de Ortopedia e Traumatologia, o *tai-chi-chuan* foi considerado o melhor exercício para a prevenção das faturas, por conferir maior mobilidade para esses pacientes, fazendo com que as quedas sejam mais suaves.

Para aumentar a massa óssea, o melhor exercício é a musculação. Todos esses conselhos não devem ser executados sem orientação de um médico.

49. Existe comprovação prática de que os exercícios são bons para a osteoporose?

R: Sim. Dentre as várias comprovações, selecionamos essas abaixo.

ATIVIDADE FÍSICA — GANHO DE MASSA ÓSSEA E MUSCULAR

a) O efeito da gravidade e a tensão dos músculos de contração ajudam a manter um equilíbrio positivo entre formação e reabsorção ósseas.

b) O osso longo responde ao esforço mecânico, e os efeitos da perda óssea na osteoporose podem mesmo ser parcialmente revertidos pelo treinamento físico.

c) Na osteoporose causada por imobilização, o exercício terapêutico e a atividade física tendem a retardar a perda e podem restabelecer a massa óssea. Com o avançar da idade, a massa muscular, a massa óssea e a atividade física declinam.
d) Os pacientes confinados ao leito podem perder até 1% do osso trabecular por semana; o osso cortical é perdido a uma taxa um pouco mais lenta.
e) Estudos envolvendo jogadores de tênis mostraram que a densidade e a espessura do osso eram maiores do que o normal apenas nos braços dos que praticavam o esporte.
f) Um programa de exercícios de carga dinâmica do antebraço distal (tensão, torção, compressão e inclinação), aplicados três vezes por semana durante cinco meses em 14 mulheres osteoporóticas pós-menopáusicas, com idades entre 53-74 anos, mostrou um aumento de 3,8% na densidade média do osso. No grupo-controle, a densidade média do osso diminuiu 1,9%. O aumento nas trabéculas e o intercâmbio de tecido adiposo medular para a medula vermelha foram atribuídos ao exercício.
g) Além disso, em estudo de controle de caso baseado em uma comunidade de aposentados, sugeriu-se que uma alta freqüência de exercício ao ar livre protege contra fraturas do quadril.
h) Entre as mulheres com amenorréia por outras causas, as que fazem exercício regularmente apresentam maior densidade óssea do que aquelas que não o fazem.

EXERCÍCIOS E GANHO DE MASSA ÓSSEA

a) A imobilização pode levar à perda óssea, que, com a retomada da mobilização do corpo, pode ser, ao menos parcialmente, revertida.
b) Com trinta minutos de exercício moderado por dia (andando, correndo ou dançando), a perda óssea pós-menopáusica pode ser reduzida.
c) Observou-se que andar durante uma hora, duas vezes por semana, durante oito meses, aumenta o conteúdo mineral ósseo da espinha em 3,5%, comparados com um decréscimo nos controles de 2,7%.
d) Entretanto, isto representa apenas metade do efeito relatado com os estrogênios.
e) O exercício é potencialmente uma faca de dois gumes, uma vez que pode, de fato, ser realizado de forma incorreta, aumentar o risco de acidente e fratura.

São eficientes os exercícios de fortalecimento, alongamento, impacto e equilíbrio. Entre estes, o *tai-chi* comprovou ser o mais eficaz na diminuição das quedas.

50. O que deve vestir o idoso para a prática de exercícios?

R: Não só o idoso, como qualquer pessoa que se habilite à prática desportiva, deve obedecer aos seguintes itens:

Roupas: O ideal são as roupas claras, que repelem o calor (as roupas escuras concentram o calor).

Existem hoje no mercado roupas que não absorvem o suor, e com isso são mais confortáveis e fisiológicas.

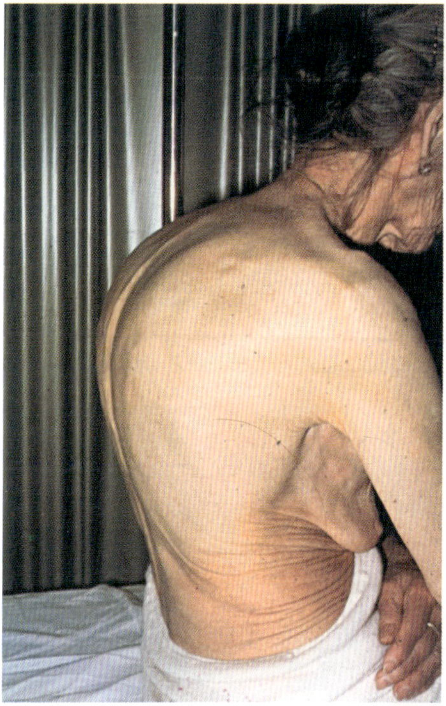

Deformidade da coluna, ocasionada por fraturas osteoporóticas.

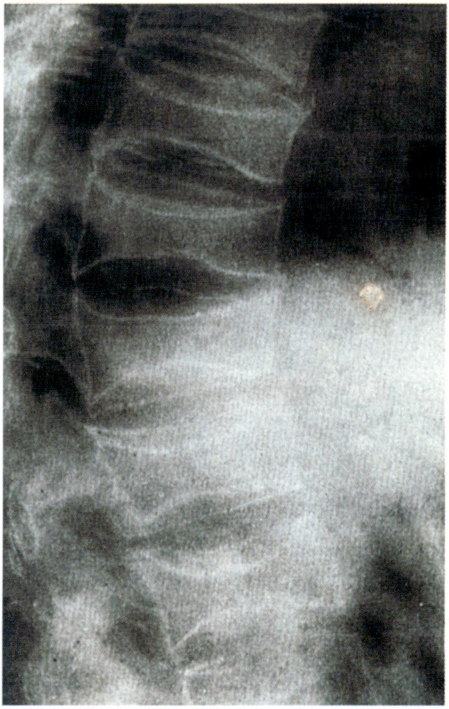

Radiografia de coluna dorsal revelando fraturas (colapso) vertebrais.

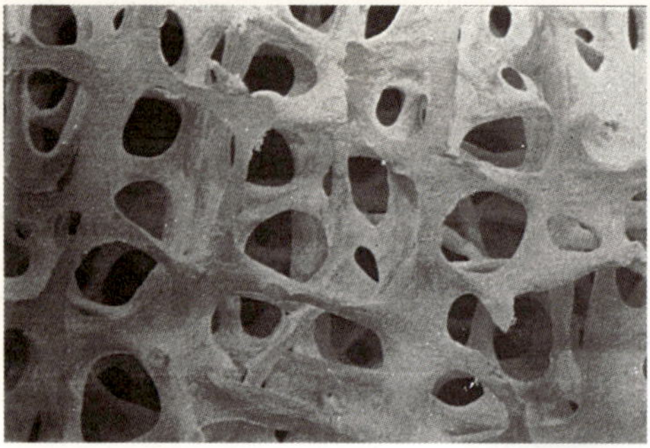

Osso normal.

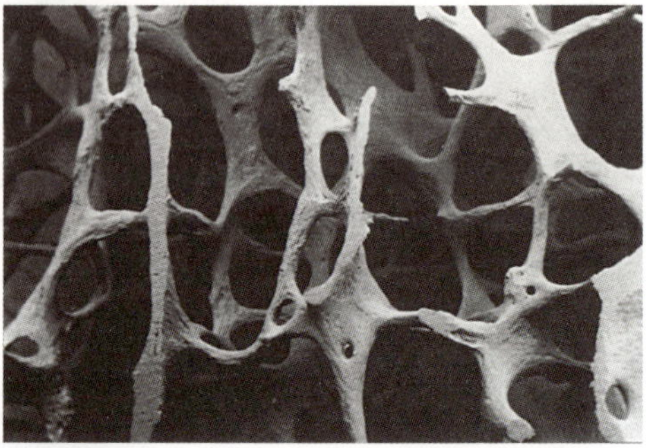

Osso com osteoporose.

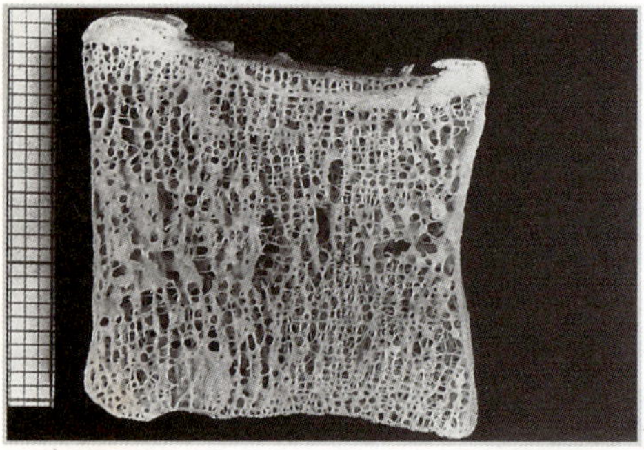

Vértebra normal.

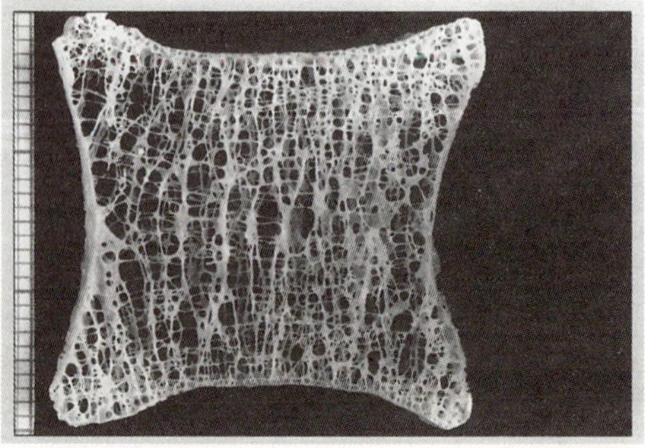

Vértebra com osteoporose.

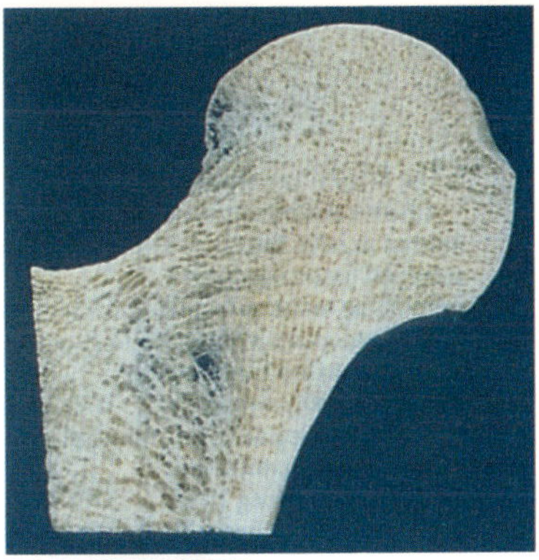

Fêmur normal.

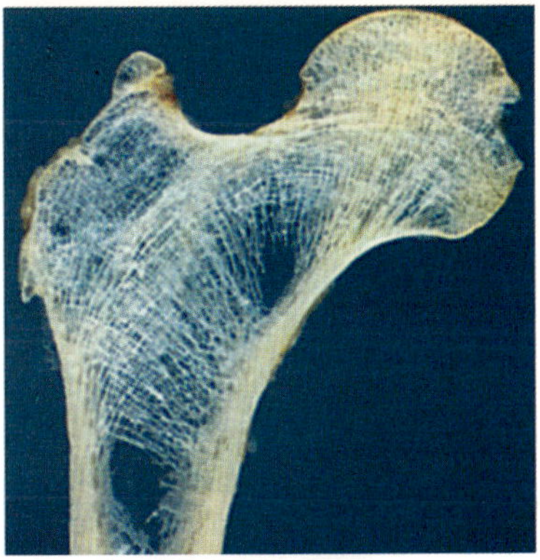

Fêmur com osteoporose.

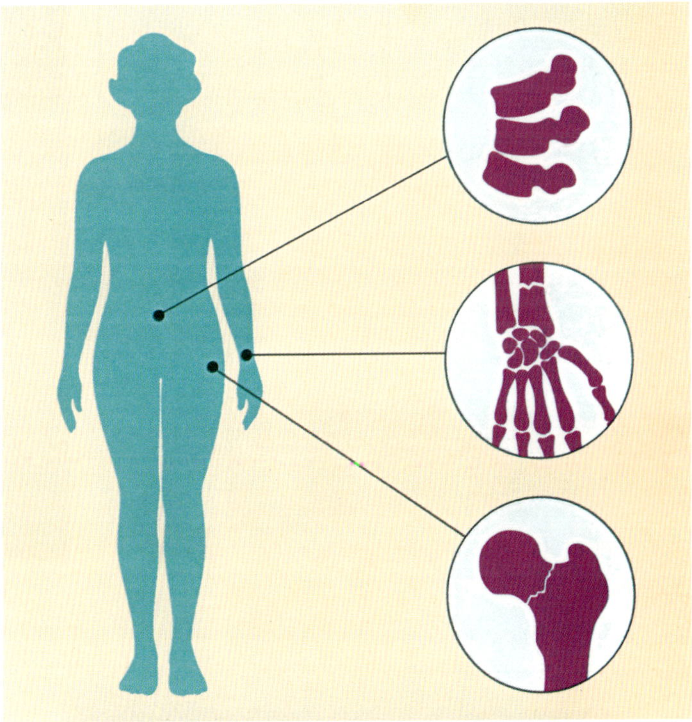

Locais onde ocorrem, com maior freqüência, as fraturas na osteoporose (coluna, punho, quadril).

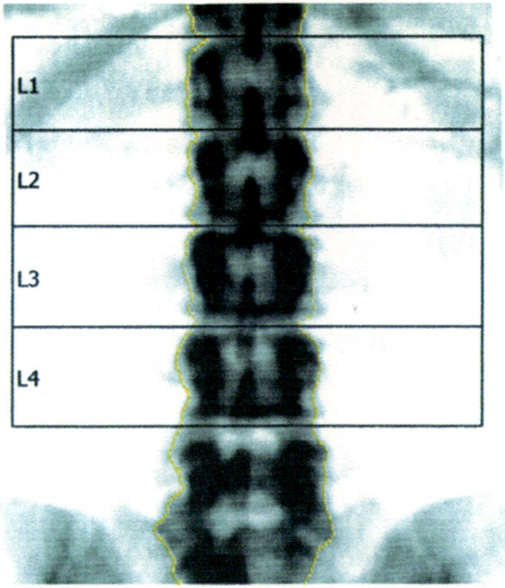

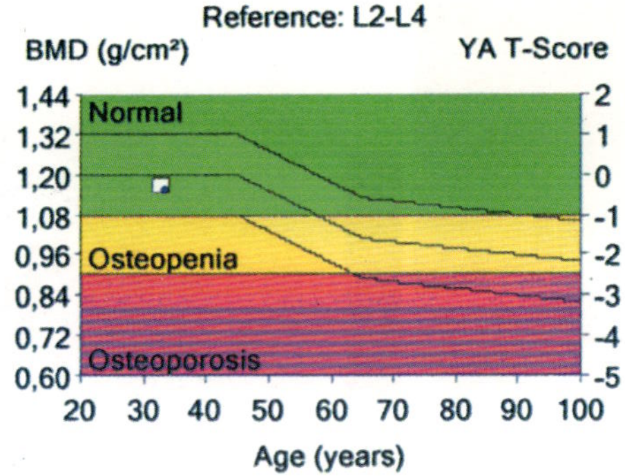

Region	BMD [1] (g/cm²)	Young-Adult [2] (%)	Young-Adult T-Score	Age-Matched [3] (%)	Age-Matched Z-Score
L1	1,021	90	-0,9	91	-0,9
L2	1,145	95	-0,5	96	-0,4
L3	1,228	102	0,2	103	0,3
L4	1,139	95	-0,5	95	-0,5
L1-L2	1,084	94	-0,5	94	-0,5
L1-L3	1,136	97	-0,3	97	-0,3
L1-L4	1,137	96	-0,4	96	-0,3
L2-L3	1,189	99	-0,1	99	-0,1
L2-L4	1,171	98	-0,2	98	-0,2
L3-L4	1,182	99	-0,1	99	-0,1

Exame de densitometria óssea da coluna lombar que detecta predisposição para fraturas de vértebras.

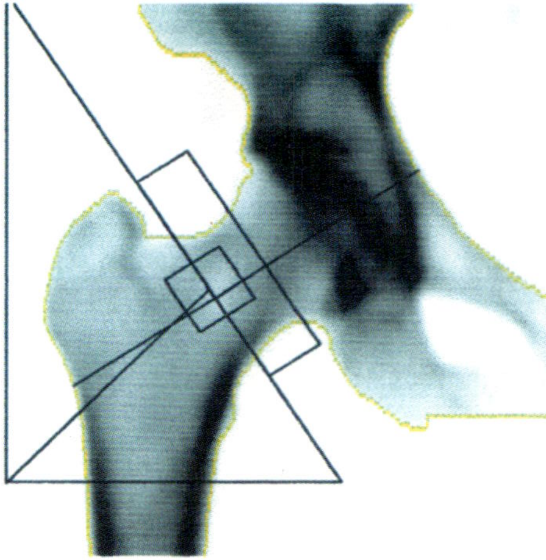

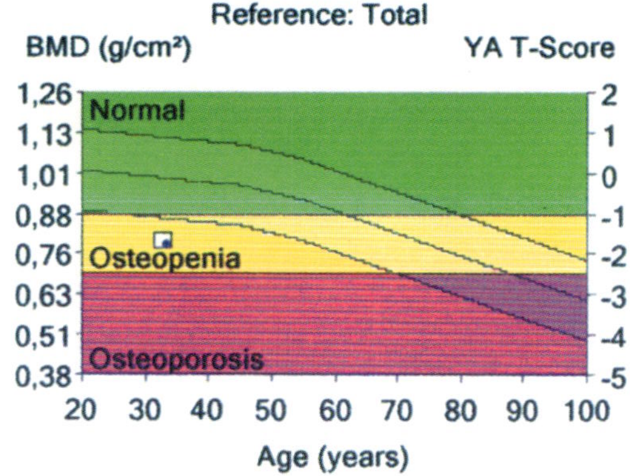

Region	BMD[1] (g/cm²)	Young-Adult[2] (%)	Young-Adult T-Score	Age-Matched[3] (%)	Age-Matched Z-Score
Neck	0,785	80	-1,6	81	-1,6
Wards	0,588	65	-2,5	66	-2,4
Troch	0,614	78	-1,6	78	-1,6
Shaft	0,988	-	-	-	-
Total	0,802	80	-1,6	81	-1,5

O exame de densitômetria óssea do quadril é fundamental para detectar predisposição para fratura do colo do fêmur.

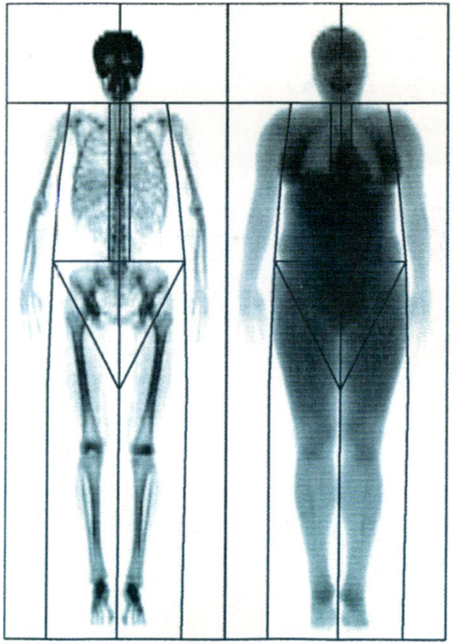

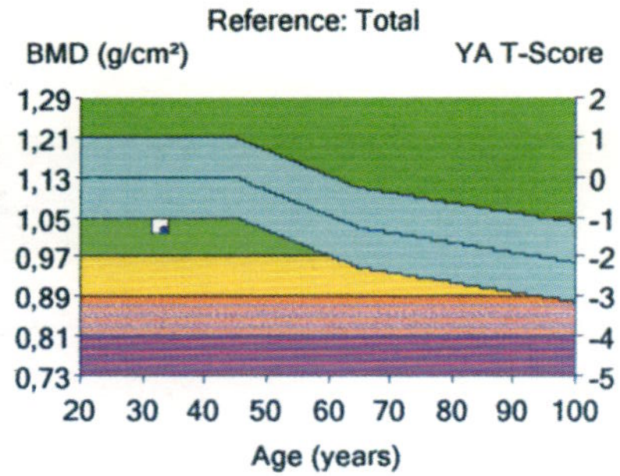

Region	BMD[1] (g/cm²)	Young-Adult[2] (%)	T-Score	Age-Matched[3] (%)	Z-Score
Head	2,059	-	-	-	-
Arms	0,750	-	-	-	-
Legs	1,074	-	-	-	-
Trunk	0,826	-	-	-	-
Ribs	0,611	-	-	-	-
Pelvis	0,974	-	-	-	-
Spine	1,022	-	-	-	-
Total	1,030	92	-1,2	92	-1,2

COMMENTS:

O exame de densitometria de corpo inteiro serve para detectar perdas de massa óssea e realizar a composição corporal.

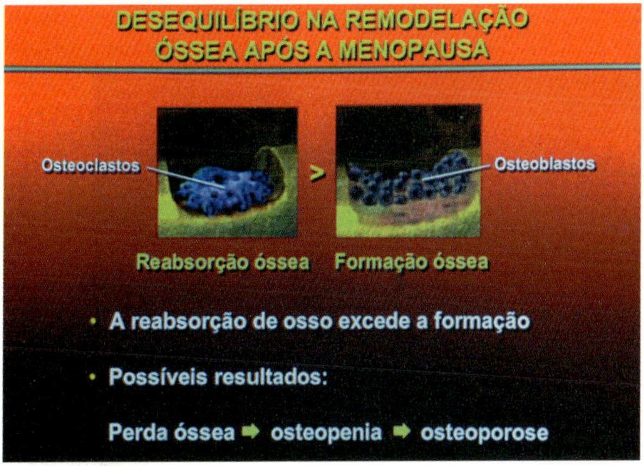

O processo de renovação óssea é comprometido em indivíduos com osteoporose.

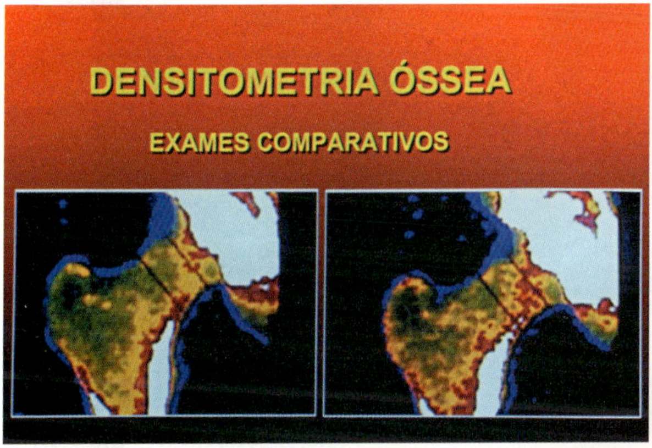

A técnica perfeita do exame comparativo de densitometria óssea, devendo ser realizado sempre no mesmo centro médico, é fundamental para acompanhamento do tratamento da osteoporose.

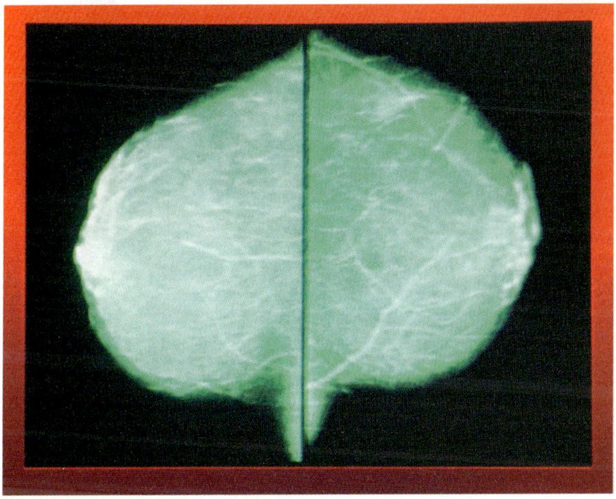

Exame de mamografia de alta resolução, que deve ser anual após os 40 anos.

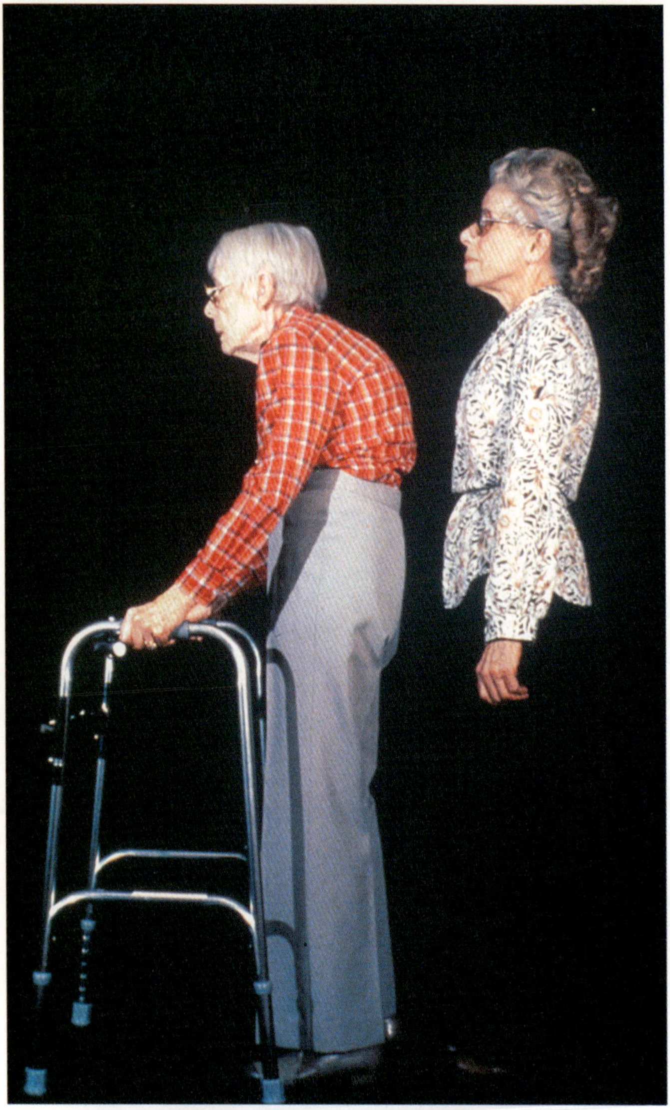

Senhora com osteoporose evidente, com andador, e outra aparentemente hígida, mas que pode estar com diminuição da massa óssea.

Meias: As meias também devem ser claras, de preferência de algodão.
Calçados: Os calçados devem ser do tipo tênis, com a parte interna moldando os pés (anatômico), e devem ter no seu componente substâncias antiimpacto. O ideal é andar em pistas lisas e planas.
Horário: O horário deve ser até as 10 horas da manhã ou após as 15 horas.
Obs.: No inverno, o cuidado deve ser com o uso de capas ou vestimentas de plástico: elas não deixam circular o ar e são prejudiciais à saúde.

51. Atividade física cura osteoporose?

R: Não. A osteoporose é uma diminuição da densidade óssea que ocorre por um distúrbio no metabolismo do osso, mas a atividade física não ajuda a diminuir a doença. Entretanto, essa atividade é essencial como parte do tratamento, porque pode auxiliar no estacionamento da desmineralização do osso. Também não devemos esquecer que a atividade física é fundamental, porque exercícios aeróbicos são importantes para a prevenção da doença, contribuindo para uma vida mais saudável.

VII. Terapia de Reposição Hormonal (TRH)

52. Meu ginecologista receitou Evista, um comprimido diariamente, sem interrupção, por três meses. Gostaria de saber quais os efeitos colaterais deste remédio.

R: O Evista seria uma opção à reposição hormonal; é da classe de medicamentos chamados moduladores seletivos de receptor de estrogênio. Seu nome científico é Raloxifeno, que é um *serm*, um modelador de receptor de estrogênio de última geração, com ação positiva sobre os receptores de estrogênio da massa óssea, estimulando a formação ou diminuindo a reabsorção óssea.

Os trabalhos mostram que, com o Evista, houve uma redução de fraturas de coluna em torno de 40 a 50%, semelhante à que se observa com a reposição de hormônio de estrogênio. Teria vantagem para pessoas na pós-menopausa tardia, na prevenção das fraturas; e seria uma opção à reposição hormonal, principalmente para mulheres com tendência à osteoporose.

Os efeitos colaterais desse remédio são pouquíssimos. Algumas mulheres têm aquelas ondas de calor no início da menopausa, e podem voltar a tê-las. Sentem peso nas pernas e pode ocorrer agravamento das varizes, numa pequena parcela apenas. É uma excelente medicação como opção à reposição hormonal.

53. Estou com 57 anos e tenho dúvidas sobre a reposição hormonal: alguns médicos concordam; outros, não. O calor

passa com que idade? Tenho sempre vontade de urinar e sintomas variados, como confusão mental. O que fazer?

R: Em primeiro lugar, a maioria das mulheres entra na menopausa e tem sintomas como ondas de calor, irritabilidade, insônia, mal-estar por volta dos cinqüenta anos (90%). As ondas de calor atingem cerca de 80% das mulheres. Outros sintomas são a dispareunia, que é a dor durante o ato sexual, por ressecamento das mucosas, ou a urgência urinária, que é a vontade freqüente de urinar. Isso se deve também à falta de hormônio feminino (estrogênio) que atinge a mulher na menopausa e leva ao ressecamento da mucosa da uretra e da vagina.

Algumas manifestações psicológicas, como uma certa depressão e dificuldade de raciocínio, algum problema com a cognição e a memória também pode ocorrer; hoje se sabe que o estrogênio pode prevenir e melhorar o *status* mental, assim como o sono, a memória, a cognição, apreensão e raciocínio da mulher.

O que fazer? O que fazer é procurar o seu médico para iniciar a terapia de reposição hormonal feminina quando entrar na menopausa.

54. Tenho 52 anos. Terei de fazer reposição direto, sem intervalo?

R: Hoje nós, médicos, acreditamos que a reposição hormonal tem um benefício no longo prazo. Quanto mais tempo a pessoa utiliza, melhor. Deve ser utilizada pelo menos no período de cinco a dez anos após a menopausa.

55. Quem tirou o ovário por volta dos 45-48 anos de idade tem de tomar hormônio?

R: Sim. A resposta é positiva. A mulher que faz uma menopausa precoce cirúrgica — seja aos 45 ou mesmo aos 35 — é a principal candidata a fazer reposição hormonal, pois ela vai ficar um grande período de sua vida sem a proteção e as vantagens dos estrogênios sobre amassa óssea, sobre o aparelho cardiovascular, sobre sua pele e sobre seu cérebro.

Hoje sabemos que o hormônio feminino tem uma ação muito positiva sobre o cérebro, inclusive prevenindo a instalação da demência senil de Alzheimer, uma doença que atinge três vezes mais a mulher que os homens a partir dos sessenta anos.

56. Tenho 44 anos, sou menopausada há dois anos e sofro muito de insônia; meu médico disse que tenho osteopenia moderada na coluna e no quadril, hipertensão arterial e angina. O que devo fazer?

R: A terapia de reposição hormonal, que melhora o sono e, sensivelmente, a qualidade de vida da mulher na pós-menopausa, alivia os sintomas vasomotores e previne a perda de massa óssea. No entanto, no seu caso, se contra-indica o estrogênio devido ao fato de sofrer de angina.

57. O que mais tem me irritado na pós-menopausa é a falta da libido. Faço TRH, mas não percebo melhora.

R: A verdade é que está comprovado que a TRH, através do estrogênio, melhora o cérebro em inúmeros aspectos. Ela teria uma ação no sistema nervoso central sobre a libido, uma região do cérebro que todos sabemos que é responsável pelo *drive* sexual, além de, obviamente, melhorar a lubrificação do aparelho geniturinário, o que favorecerá o coito, o ato sexual. Então, a falta de hormônio feminino pode levar a mulher a ter uma diminuição da sua libido e dificuldade de manter relações.

Algumas mulheres se beneficiam muito e melhoram sua libido no período após menopausa quando iniciam a TRH só com estrogênio. Outras precisam, além do estrogênio, de uma pitada de hormônio masculino — de testosterona, ou de um derivado de progesterona, a 19 "*nor*", que é à base de testosterona.

No caso de mulheres que usam TRH e não obtiveram melhora da libido, a associação com o hormônio masculino pode ser uma boa opção, ou então o uso de outro medicamento, um anabolizante com um perfil feminino e masculino, que é a Tibolona, cujo nome comercial é Livial.

58. A reposição hormonal só com creme vaginal é suficiente?

R: Não. O creme vaginal tem sua indicação principalmente para aquelas mulheres que não podem utilizar o estrogênio de forma sistêmica, isto é, por via oral, pela pele, na forma de adesivos ou gel. Algumas pessoas têm contra-indicações, não podem utilizar: são aquelas com câncer de mama, com hepatite na fase aguda, que têm um sangramento vaginal não diagnosticado.

Algumas delas se beneficiam apenas com creme vaginal local para melhorar a mucosa vaginal, a mucosa da uretra. Mas não se tem um bom resultado geral apenas com o uso de creme vaginal (ex.: prevenção da osteoporose).

A pessoa pode achar que está protegida apenas com o uso de creme vaginal. Nós acreditamos que não. Ela tem de fazer a reposição hormonal de forma mais correta, de forma mais abrangente.

59. A atrofia genital é um dos problemas que mais inibem minha relação com meu marido e isso me incomoda.

R: A mulher precisa de hormônio feminino e às vezes de um pouco de hormônio masculino para manter sua vida sexual ativa, inclusive o próprio orgasmo. A reposição hormonal melhora rapidamente a atrofia, podendo-se associar os estrogênios por via oral com cremes locais.

60. Estou com 51 anos. Fiz exames para saber se podia fazer a reposição hormonal, mas no meu exame de ultra-sonografia transvaginal foi diagnosticado um mioma e o médico informou-me que não poderia fazer uso da reposição, pois teria de aguardar acompanhamento. Isto é real?

R: Na realidade, nós não vemos hoje contra-indicação para o uso de reposição hormonal em mulheres que têm mioma.

Antigamente achávamos que a reposição desenvolvia os miomas, fazia o estímulo ao crescimento do mioma, que na realidade é um nódulo benigno que normalmente ocorre na camada média, chamada de miométrio, do útero (camada muscular média do útero).

Não achamos que seja uma contra-indicação e pode-se fazer a reposição sem maiores problemas. Deve-se, no entanto, utilizar uma reposição adequada para os casos que têm sangramento.

61. Uma pessoa que já teve nódulo benigno de mama pode fazer reposição hormonal?

R: Se o nódulo foi diagnosticado como benigno, não vemos maiores contra-indicações. Só os nódulos dúbios, que não foram diagnosticados, é que contra-indicam o início da reposição hormonal.

Uma pessoa que já foi operada de um fibradenoma — que é um nódulo benigno — não tem contra-indicação para uso da reposição.

62. Fiz uma cirurgia para retirar a tireóide. Faço reposição hormonal com Puran-T4 (225 μg). Gostaria de saber se posso sofrer algum efeito colateral com o uso contínuo, pois terei que tomar sempre, a vida toda.

R: Uma pessoa que faz reposição do hormônio da tireóide deve fazer um acompanhamento com o endocrinologista. Se os níveis do hormônio no sangue foram excessivos (não a dose, mas o que chega no sangue), devemos nos preocupar com essa reposição em doses elevadas, pois a pessoa pode ter um desgaste da massa óssea que contribuirá para o desequilíbrio da renovação óssea, predispondo à osteoporose.

63. Uma pessoa que tem caso de câncer de mama na família pode fazer reposição hormonal e assim prevenir a osteoporose?

R: Sim. Uma pessoa que tem câncer de mama na família deve fazer o rastreamento com mamografia e ultra-sonografia de forma mais amiúde (freqüência anual). Mas não há contra-indicação para uso de reposição do hormônio feminino pelo fato de haver caso de câncer de mama na família.

A única contra-indicação é para a pessoa que tem um nódulo de mama ainda não diagnosticado ou que realmente tem câncer de mama.

Essa mulher não deve fazer a reposição de hormônio feminino e, para prevenção da osteoporose, temos outros medicamentos que podem auxiliar.

64. Quem tem problema de alergia pode fazer terapia de reposição hormonal?

R: Esta pergunta está mais relacionada à TRH através dos adesivos, já que não é comum a alergia a medicamentos utilizados por via oral. Os comprimidos podem ser utilizados tranqüilamente, não há relatos de alergia a esses medicamentos.

O que pode acontecer é uma alergia ao uso de adesivos, principalmente em nosso país, onde a temperatura é mais elevada, o calor é intenso. Algumas pacientes não toleram os adesivos, e podem apresentar alguma reação alérgica, mas elas têm a opção de utilizar os comprimidos ou até o gel, que são formas de se fazer terapia de reposição hormonal que não causam alergia.

65. É possível viver cem anos sem a terapia de reposição hormonal?

R: Sem dúvida alguma, com a melhora na qualidade de vida nos dias atuais, é até possível viver cem anos sem terapia de reposição hormonal, mas é importante salientar um aspecto bastante evidente, que mostra os benefícios que a TRH vem proporcionando às mulheres.

Na Idade Média, as mulheres viviam em média 25 anos; portanto, faleciam antes de entrar na menopausa. Com o passar do tempo, essa expectativa de vida foi aumentando. No início do século XX, vivia-se em média 45 anos. Portanto, até essa época as mulheres passavam poucos anos na menopausa.

No final da década de 1990, a expectativa de vida do brasileiro atingiu a idade de 67 anos e, em alguns estados, até 72 anos, o que faz com que a mulher viva mais ou menos um terço da sua vida na menopausa.

Se conhecemos os benefícios que a TRH pode proporcionar, sem dúvida alguma acreditamos que a TRH pode aumentar não só a expectativa de vida, mas principalmente a expectativa de vida saudável, um aspecto a que se dá muito mais importância hoje. O importante não é apenas quantos anos se vive, mas como a pessoa vive ao longo desses anos todos.

Sem dúvida alguma a TRH se tem mostrado ser bastante benéfica na melhoria da qualidade de vida.

66. A reposição hormonal pode causar câncer de mama?

R: Este é um aspecto sempre muito debatido entre os médicos, e há uma preocupação muito grande por parte da população com relação à questão de uma possível maior incidência de câncer de mama em mulheres que fazem reposição hormonal.

Estudo recente chamado WHI desaconselhou o uso de estrógenos conjugados com acetato de medroxiprogesterona, havendo um aumento de 26% dos casos de câncer de mama após cinco anos. O mesmo não foi comprovado com estrógenos isolados ou outras formas de estrógenos.

É bom salientar que as pacientes que iniciam a TRH fazem exames de controle regularmente, fazem a sua mamografia, a sua ultra-sonografia anualmente; e, caso desenvolvam um tumor incipiente na mama, ele será detectado precocemente.

Alguns pesquisadores afirmam até que a TRH, por obrigar a mulher a fazer esse controle anual, permite a detecção precoce dos casos de câncer e esses casos então podem ser curados definitivamente.

Outro aspecto sempre muito comentado é o câncer de útero ou câncer de endométrio.

No início, quando se começou a fazer a reposição hormonal, utilizava-se apenas o estrogênio e em doses elevadas; nesses casos, observou-se um aumento da incidência de câncer de mama.

Hoje, sabe-se que as mulheres que têm útero devem utilizar, além do estrogênio, a progesterona, que é o outro hormônio produzido pelos ovários. Quando de associa a progesterona ao estrogênio, o que acontece, na verdade, é até uma diminuição do câncer de endométrio, do câncer de útero.

Essa forma de reposição faz com que haja uma menstruação, como na fase fértil da mulher, e essa menstruação, essa descamação mensal do endométrio, faz com que haja uma renovação desse endométrio, diminuindo a incidência de câncer de útero nessas mulheres.

67. Uma pessoa de 72 anos que não faz nem nunca fez a reposição hormonal necessitaria fazer essa reposição?

R: Esta é outra dúvida muito freqüente entre a população: quando começar a reposição hormonal e por quanto tempo utilizá-la.

Hoje sabemos que um dos maiores problemas da falta do hormônio estrogênio é a perda da massa óssea, que é mais intensa nos primeiros cinco a dez anos após a menopausa.

Até nas fases mais tardias, a mulher continua perdendo massa óssea a uma velocidade menor e a reposição hormonal, mesmo numa paciente de 72 anos, vai retardar ou diminuir essa perda e, conseqüentemente, diminuir a possibilidade de essa paciente vir a ter uma fratura nos anos subseqüentes de sua vida.

Entretanto, é preciso avaliar se a reposição hormonal é a melhor escolha para a paciente. Outras medicações podem ser mais indicadas na idade.

68. Estou com 52 anos, e recentemente tenho notado uma perda na capacidade de me concentrar no trabalho e falhas de memória, esqueço onde deixo meus objetos, interrompo o que estou lendo por falta de concentração etc. Sinto também ondas

de calor, mas não comecei ainda a reposição hormonal. Minha mãe tem doença de Alzheimer. Gostaria de saber mais sobre os esquecimentos e falta de concentração.

R: A senhora precisa procurar um médico para fazer reposição hormonal, pois os estrógenos melhoram a atenção, a concentração e a capacidade da memória, em especial no que se refere à lembrança de nomes de pessoas, mas não exatamente em relação a palavras.

De maneira geral, os estrógenos produzem efeitos benéficos sobre as *performances* cognitivas. Sabemos que a menopausa cirúrgica pode afetar a memória verbal mais do que a menopausa fisiológica, mas a prática médica e os estudos mostram que o estrógeno ajuda a manter a memória verbal e possivelmente também a memória visual em mulheres que fazem TRH.

69. De que forma os estrogênios atuam sobre nossa massa óssea?

R: Atualmente devemos reconhecer os efeitos estrogênicos benéficos sobre o sistema nervoso central, sobre a capacidade cognitiva e sobre os reflexos das pacientes pós-menopáusicas; influenciam também a redução de taxas de fraturas nas mulheres que fazem reposição hormonal. Os estrogênios ainda minimizam as possibilidades de quedas e de traumas.

70. A reposição hormonal é para ser feita a vida toda?

R: A perda óssea é mais acentuada nos primeiros cinco a dez anos após a menopausa. Então, se a paciente fizer a reposição hormonal durante pelo menos cinco anos após a menopausa, isso já lhe trará um grande benefício em relação à prevenção de futuras fraturas e à prevenção da osteoporose.

71. Tenho 54 anos, faço reposição hormonal e até quando vou menstruar? Há relação entre menstruação e TRH?

R: Existem várias formas ou várias maneiras de se fazer a TRH. Há uma tendência na classe médica a utilizar o que chamamos de terapia cíclica ou tratamento cíclico ou terapia hormonal cíclica, que é de certa forma uma imitação do que acontecia antes da menopausa, ou seja, a mulher utiliza hormônios de forma cíclica, durante um mês, e após uma parada vai haver uma menstruação, um sangramento.

Este sangramento provoca uma descamação do endométrio, que é a membrana interna do útero, e essa descamação tem um efeito protetor com relação a câncer de endométrio. Por isso se dá uma preferência a esse tipo de tratamento, em que a mulher continua menstruando.

Entretanto, existem outras formas de TRH, chamadas de uso contínuo, em que a mulher não vai menstruar. Isso pode ser feito desde que se tenha um acompanhamento regular em relação ao câncer do útero ou câncer do endométrio.

72. A pílula anticoncepcional é uma forma de TRH?

R: Não. A pílula anticoncepcional também contém os hormônios estrogênio e progesterona, só que numa dose muito menor do que as utilizadas para a TRH. Como o próprio nome diz, a pílula tem um efeito de anticoncepção, ou seja, de evitar a gravidez.

Não há uma preocupação nessa fase em se utilizar hormônios para reposição hormonal, porque a mulher encontra-se ainda numa fase onde seus ovários produzem estrogênio e progesterona em quantidade suficiente para prevenir a osteoporose.

73. A TRH diminui o risco de doenças cardiovasculares?

R: Os trabalhos, de longo prazo, têm mostrado que a TRH diminui os níveis do chamado colesterol ruim, ou LDL colesterol, e aumenta os níveis do bom colesterol, o chamado HDL colesterol. Além disso, a TRH tem ações benéficas nos vasos sangüíneos, nas artérias. No entanto, estudo recente chamado "HERS" desaconselhou o uso de TRH para mulheres com doença coronariana estabelecida. Ainda não temos uma resposta definitiva para a prevenção em pessoas sem qualquer risco da doença.

74. Quem tem mioma pode fazer TRH?

R: Pode. O mioma é um tumor benigno do endométrio ou do útero e não há contra-indicação para TRH em mulheres que têm mioma, a menos que seja muito grande e cause sangramentos irregulares.

Nesses casos, a TRH às vezes pode induzir ou aumentar a freqüência desses sangramentos. Mas mioma não é uma contra-indicação: trata-se de um tumor benigno, e a TRH pode ser utilizada. Ela não deve ser utilizada quando há suspeita de tumor maligno e em casos em que haja sangramento freqüente.

VIII. Medicamentos/ Tratamento

75. Quando ocorre câncer de mama em mulheres histerectomizadas (sem útero), o hormônio deve ser mantido ou não? Caso não, qual o tratamento adequado para substituir o hormônio? É necessária a utilização de hormônios em mulheres histerectemizadas?

R: Em primeiro lugar, a mulher histerectomizada pode fazer a reposição hormonal sem nenhum problema a partir do momento em que se comprove que ela está na menopausa.

No caso de câncer, seja de endométrio, útero, ovário ou mesmo da mama, nós contra-indicamos o uso da TRH. Podemos tentar outras opções vantajosas nesses casos e discutir individualmente com a paciente as opções.

76. Tenho 63 anos. Tenho osteoporose e tomo alendronato e cálcio e vitamina D. O médico também receitou hormônio, mas não quero tomar, pois engorda muito, e só na barriga e no culote. Enfim, a pergunta seria: o hormônio feminino engorda?

R: A resposta seria não. O que se sabe hoje em dia é que o hormônio feminino pode levar a um aumento de peso no início do tratamento por uma retenção de líquido, por aumento da mama e por certa retenção que ocorre no início do tratamento.

No longo prazo, o hormônio inclusive previne a deposição de gordura visceral ou abdominal, que é característica das mulheres quando entram na menopausa e não fazem reposição hormonal. Elas passam a acumular gordura na cintura de forma semelhante à "barriguinha" dos homens.

O alendronato de sódio, o cálcio e a vitamina D podem ser aconselhados também para mulheres que façam a reposição hormonal. Não há nenhum problema em relação ao uso conjunto dessas terapias.

Pesquisas recentes mostram que o uso do alendronato de sódio associado a estrogênios permite um ganho de massa óssea superior ao que se tem com a utilização separada de um e outros.

77. Fiz a ultra-sonografia transvaginal e apareceram cistos de aproximadamente 1,9 cm. É caso de operação? Tem tratamento? Faço reposição com System 50 há um ano e meio.

R: Bem, a resposta converge para um aspecto muito importante, que é o da prevenção. Quando entra na menopausa, antes de iniciar a reposição hormonal — seja por um adesivo, como o System, ou outras formas, como por via oral, cremes, gel etc. —, a mulher deve fazer exames que a isentem de qualquer tipo de problema. Entre os exames que deve fazer está a ultra-sonografia pélvica e transvaginal para detectar se a mulher tem algum problema no ovário.

Sabemos que a mulher na faixa dos cinqüenta aos sessenta anos começa a correr o risco maior de desenvolver câncer de endométrio ou câncer de ovário. Daí a importância de fazer a ultra-sonografia, assim como a mamografia de alta resolução, anualmente.

Além disso, gostamos também que seja avaliado o perfil do metabolismo de colesterol, da glicose, e exames complementares de bioquímica em geral. Principalmente de prevenção do diabetes, através da medida da glicose.

Então, esses exames são fundamentais para a mulher realizar como *check-up* no período da menopausa. A partir daí, ela pode fazer a reposição hormonal por tempo indeterminado, tendo apenas o cuidado de refazer os exames a cada ano, conforme indicação de seu médico.

78. Quais os tipos de reposição hormonal de que dispomos hoje?

R: A reposição hormonal tem de ser uma escolha pessoal da paciente em combinação com o seu médico. Trata-se de uma decisão conjunta, porque cada pessoa se beneficia de um tipo de reposição hormonal diferente, ou melhor se adapta a ele.

Há pessoas que preferem utilizar a reposição hormonal por via oral através de estrogênios conjugados, cujo produto mais comumente utilizado é o Premarim.

Outras se beneficiam das formas dos adesivos transdérmicos, colocados na pele, que devem ser trocados de dois em dois dias. Os mais conhecidos são: Ginedisc, Etraderme, System e o Lindisk.

Recentemente surgiram no mercado brasileiro alguns tipos de reposição em forma de gel, que a mulher aplica de manhã após o banho, como se fosse um creme. Na realidade, é um gel como outro qualquer, que tem na sua composição o 17 βeta-estradiol, que é o principal hormônio feminino (estrogênio). Já dispomos do Oestrogel, que é de um laboratório francês, mas hoje é produzido e importado por um laboratório brasileiro. Há ainda o Estrevagel e o Sandrenagel.

A mulher brasileira se adapta muito bem ao gel, talvez melhor do que ao adesivo, já que este se solta com a umidade da pele, principalmente nos dias úmidos e quentes. Atualmente temos também a reposição hormonal na forma de implantes subcutâneos que duram seis meses.

Temos opções como anabolizantes, que têm um perfil semelhante ao do hormônio feminino. Um exemplo é a Tibolona, que tem um perfil de androgênio, estrogênio e de progesterona e cujo nome comercial é Livial. Dispomos ainda dos moduladores de receptores de estrogênio, cujo nome comercial é Evista, que teria uma ação semelhante à do hormônio feminino, sem ser um hormônio feminino. Na realidade, age nos receptores dos hormônios femininos, mas é uma substância química desenvolvida em laboratório.

79. Tenho osteoporose, artrose e artrite. O médico receitou para mim etidronato de sódio, 400 g (uma vez por dia/por 15 dias) e carbonato de cálcio em pó (uma colher de café no almoço) e Aderogil-3D (uma ampola a cada duas semanas). Gostaria de saber se está correto este tratamento.

R: A osteoporose se refere à massa óssea do esqueleto. A artrose é um processo reumático, primordialmente com um desgaste da cartilagem da articulação, formação de "bicos-de-papagaio", diminuição dos discos entre as vértebras. A artrite é um processo também articular, de natureza inflamatória, com várias causas possíveis, afetando primeiramente a *sinóvia* (tecido dentro da articulação).

A osteoporose se torna dolorosa quando existem grandes curvaturas da coluna e quando existem fraturas. A artrose e a artrite são dolorosas no nível das articulações. O tratamento proposto encontra-se dentro dos vários protocolos médicos para tratar a osteoporose. A escolha da conduta medicamentosa deve ser realizada pelo médico.

80. Gostaria de saber se a pessoa que já tem osteoporose aos 72 anos tem de tomar sempre um só medicamento, ou se pode haver mudança, e de quanto em quanto tempo.

R: A resposta para essa pergunta é muito individual. Primeiro, essa paciente tem de procurar um médico, que avaliará se há uma causa que secundariamente leve à osteoporose ou se é apenas uma osteoporose decorrente da idade.

Uma série de condutas devem ser adotadas: ingestão adequada de cálcio, atividade física regular, banho de sol; hoje existem alguns medicamentos que melhoram a massa óssea nessa idade. Às vezes não se observa uma grande recuperação da massa óssea, mas os medicamentos podem provocar uma diminuição das fraturas futuras, que é o que se espera de um tratamento. Este tratamento pode ser feito à base de cálcio, associado à vitamina D, ou com vários outros medicamentos hoje disponíveis na prática médica, alguns que diminuem a destruição, a reabsorção óssea, e outros que aumentam a formação de osso novo.

Em última análise, o que se quer é diminuir o risco das fraturas.

81. Antigamente, a mulher menstruava cerca de cinqüenta vezes, e hoje em torno de 450 vezes ao longo da vida, pois vive mais. Quais as conseqüências disso?

R: Na verdade, quando falamos que antigamente a mulher menstruava apenas cinqüenta vezes e atualmente menstrua 450 vezes, isso se deve ao aumento da expectativa de vida. Como já mencionamos, na Idade Média a mulher morria aos 28, trinta anos. Logo, o período fértil era bem mais curto e ela menstruava muito menos. Hoje, com o aumento da expectativa de vida, o que se observa também é que há um aumento do período fértil. Isso significa que elas passam um período maior com níveis normais de estrogênios e progesterona, que são os hormônios femininos que provocam a menstruação.

Um período maior com níveis normais de estrogênio e progesterona significa que as mulheres têm uma proteção maior em relação à osteoporose. Entretanto, como também estão vivendo mais tempo na menopausa, o risco de osteoporose é maior.

82. O hormônio do crescimento (GH) faz mal? É importante em diversas fases da vida?

R: Acreditava-se inicialmente que o hormônio do crescimento — cujo próprio nome sugere — tivesse como única função promover o crescimento na infância e adolescência.

O hormônio do crescimento (esse nome é hoje muito questionado), não promove apenas o crescimento. Ele é, na verdade, um hormônio anabolizante, que promove um aumento na síntese de proteínas em vários tecidos do organismo, como o osso, o músculo, os órgãos de uma maneira geral.

Então, trata-se de um anabolizante que, quando bem indicado, pode ser benéfico em termos de aumentar a massa magra e diminuir a massa gorda do organismo. Em alguns casos, quando em uso por tempo mais prolongado, pode também promover um aumento e uma melhora da massa óssea.

Entretanto, é importante ressaltar que não é um hormônio para ser utilizado indiscriminadamente, sem recomendação médica. Este é um aspecto preocupante, já que este hormônio tem sido muito receitado em academias, por professores de educação física, para adolescentes e até mesmo para adultos. Utilizado de forma incorreta, em doses elevadas, este hormônio pode ser muito prejudicial e induzir à formação de câncer no futuro.

Outro aspecto importante se refere à melhora de alguns aspectos psicológicos e os que chamamos de cognitivos. A deficiência de hormônio de crescimento no adulto pode levar, em alguns casos, a uma diminuição de memória, de força muscular, a uma sensação de fraqueza muscular, certa apatia, certa predisposição a isolamento social. São pessoas que não têm muito interesse em participar das atividades da sociedade, ficam de certa forma isoladas e, quando começam a utilizar o hormônio, apresentam uma melhora em todos esses aspectos.

83. Quando usar quente ou frio nas lesões ortopédicas para a reabilitação de pacientes idosos, osteoporóticos ou não?

R: As temperaturas frias diminuem o edema "inchaço", a dor e o espasmo muscular durante a fase aguda de uma lesão. O resfriamento reduz a atividade metabólica localmente, diminuindo a atividade do fuso muscular e a condução nervosa que causa dor, ou seja, reduzindo a dor.

Nas contusões musculares, uma bolsa de água fria pode ser colocada em uma toalha úmida e aplicada na área contundida. Se o paciente suportar bem, podemos até massagear o local com gelo. Encha um copo descartável (o tipo de copo dependerá da área a ser massageada: nas extremidades contundidas podemos usar o copo descartável de café e nas áreas maiores, como coxa e região lombar, podemos usar copos de refrigerante) de água, coloque-o no congelador e, quando estiver começando a endurecer, introduza um lápis ou um espeto de churrasco. Com isso vamos ter um picolé grande ou pequeno e, pelo cabo, massagearemos o local afetado, tendo antes o cuidado de descartar o copo do gelo.

O resfriamento alivia a dor e o espasmo por mais tempo do que o calor superficial. Do ponto de vista científico, certos pacientes que têm descargas do neurônio motor alfa aumentadas com a aplicação da bolsa de água fria irão ter o espasmo muscular aumentado e não conseguirão tolerar essa forma de terapia. Os pacientes que sentem melhora com o gelo podem ter até 40% de redução da dor após essa terapia. Em ordem, devemos começar com as compressas de gelo, indo até os picolés.

O calor é outra forma de terapia em pacientes com problemas na traumato-ortopedia. Ao nosso ver, o calor não deve ser usado em pacientes com dor aguda devido a trauma ou contusões. O calor causa dilatação dos vasos, aumentando o fluxo sangüíneo e fazendo aumentar ainda mais o hematoma. Esse procedimento poderá causar um dano maior à área recentemente traumatizada.

Entretanto, o calor aumenta as propriedades elásticas do tecido conjuntivo, sendo indicado para os pacientes que se queixam de dores articulares ou mesmo musculares crônicas.

Do ponto de vista científico, o calor reduz a atividade da fibra gama, diminuindo a excitabilidade do fuso muscular e relaxando, com isso, o espasmo muscular.

Após atividades físicas que requeiram muita atividade muscular e articular, os banhos quentes são bastante relaxantes. O tempo máximo de exposição a essas formas de terapia é de trinta minutos.

IX.
Prevenção das quedas

84. Se eu fosse construir uma casa para um idoso, como deveria ser essa casa?

R: Existe um projeto chamado Casa Segura, com alterações capazes de evitar acidentes. Vejamos algumas delas.

A PLANTA DA CASA SEGURA PARA A TERCEIRA IDADE

a) *Banheiro*

Piso antiderrapante, principalmente no boxe (há tintas especiais para isso).

Corrimão dentro do boxe e ao lado do vaso.

Ducha móvel.

Banco de plástico com 40 cm de altura para lavar os pés.

Tapete de borracha.

b) *Cozinha*

A bancada da pia deve estar de 80 a 90 cm do chão. Isso permite trabalhar numa posição mais confortável.

É conveniente ter um carrinho com rodas para levar a comida à mesa e recolher os pratos e talheres usados.

c) *Quarto*

Armário: luz interna para facilitar a localização das roupas. Portas leves e com maçanetas grandes (são mais fáceis de abrir).

Cabideiros baixos (1,5m de altura).

SUGESTÕES PRÁTICAS PARA

BANHEIRO

Piso e proteção antiderrapante
Largura mínima do box 80 cm
Desnível máximo: 1,5 cm em relação ao piso
Assento para banho fixo
Corrimão e barras de apoio em alturas variáveis
Chuveiro portátil ou móvel
Saboneteira para sabão líquido
Fechamento do box com material inquebrável
Portas de correr ou cortinas
Torneiras monocomando ou ½ volta
Tapete externo de borracha com ventosas
Porta-toalhas próximo ao box h= 1,30 m
Luz de emergência e luz noturna
Intercomunicador
Portas de entrada com no mínimo 80 cm de largura
Vaso sanitário altura média 48 cm
Descarga simples, caixa acoplada, botão ou alavanca
Ducha higiênica manual altura 45 cm do piso
Papeleira externa altura 45 cm
Barras de apoio altura 30 cm acima do vaso
Bancada altura média 80 cm
Torneiras ½ volta, alavanca ou monocomando
Tomadas e interruptores em área seca h= 1,10 m
Gabinete com área livre para movimentação das pernas
Espelho frontal 10% de inclinação
Espelho de aumento, caneta e lente de aumento para ler e marcar os remédios
Evitar prateleiras de vidro e superfícies cortantes e quinas vivas

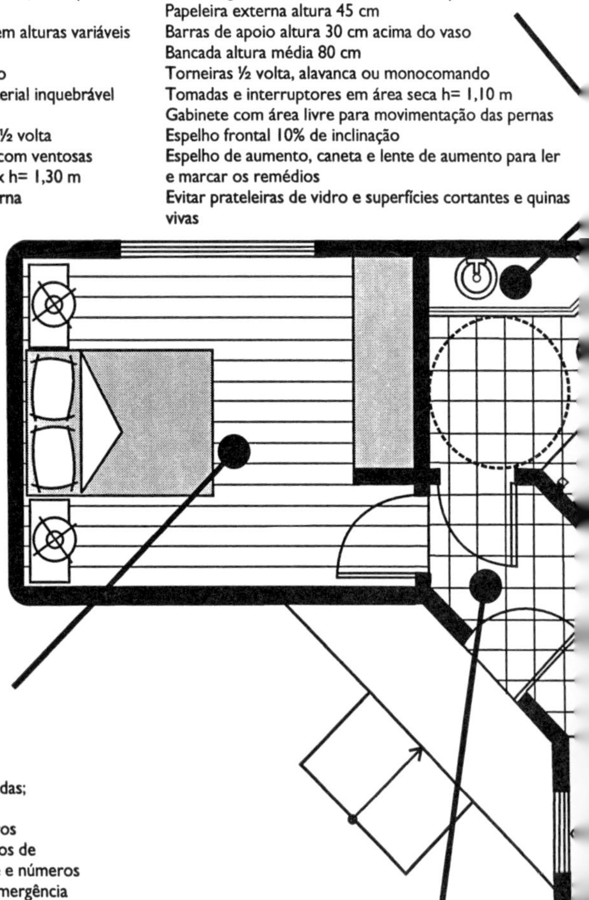

QUARTO DE DORMIR E VESTIR

Cama - Larga, com um só travesseiro;
altura de 45 a 50 cm;
colcha e cobertor presos
Mesa-de-Cabeceira - Bordas arredondadas;
fixada no chão ou parede
Acessórios - Relógio digital com números grandes; suporte para copos de plástico ou metal; telefone e números de auxílio; lanterna para emergência dentro da gaveta; controle remoto para TV, ar-condicionado e aquecimento; abajur fixo na mesa ou na parede
Armário - Portas leves, cabideiro baixo, gavetas com trava de segurança, luz interna, puxadores tipo alça, prateleiras com alturas variáveis
Janelas - Sistemas de abertura para dentro ou de correr, persianas, boa iluminação
Cadeira ou poltrona - Ajuda a vestir, calçar meias e sapatos
Luz noturna; interruptores de luz próximos à cama
Evitar tapetes soltos, cortinas pesadas, fios elétricos e de telefones soltos, obstáculos

CIRCULAÇÕES

Corrimãos ao longo dos degraus altura média 80
Luz noturna e luz de emergência
Ambientes livres de obstáculos

MANTER UMA CASA SEGURA

PROJETO CASA SEGURA
SBOT
CYBELE BARROS/ arquiteta

SALA DE ESTAR E JANTAR

Paredes em cores claras, iluminação uniforme, contínua e antiofuscante
Poltronas e sofás - altura média do assento = 50 cm
Cadeiras laterais ou poltronas, com braços, bem apoiados
Mesa lateral - telefone, abajur, sem quinas vivas. Evitar vidros e materiais cortantes. Altura 60 cm
Estante - prateleiras, bem fixadas. Aparelhos de som ou TV com controle remoto
Mesa de jantar - Altura média 75 cm. Bordas arredondadas.
Evitar tapete embaixo. Cadeiras sem braço. Espaço livre.
Evitar tapetes soltos e cortinas pesadas, fios elétricos e de telefones soltos

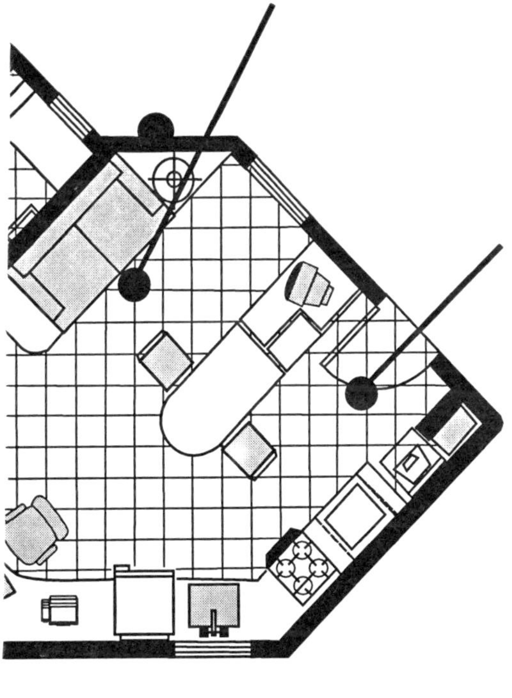

COZINHA E ÁREA DE SERVIÇO

Piso cerâmico antiderrapante
Altura média da bancada 85 cm
Torneiras ½ volta, alavanca ou monocomando
Armários não muito altos com área livre para movimentar as pernas no caso de uso de cadeira, banqueta ou cadeira de rodas
Gavetas de fácil abertura, com trava de segurança; divisões para talheres e facas
Fogão com botões de controle na parte da frente
Aquecedor fora da cozinha e bujão de gás fora da casa
Geladeira sobre plataforma para facilitar o acesso
Carrinho para ajudar a mover utensílios e vasilhas
Forno ou microondas em local de fácil acesso
Tanque e tábua de passar com altura para a utilização estando o usuário sentado: 75 cm
Ferro com fio espiralado e suporte fixo
Tomadas a 1,00 m de altura do piso
Máquina de lavar com entrada frontal
Evitar escadas dobráveis

JARDIM

Acesso fácil e sem barreiras
Piso externo áspero
Porta da frente - maior que 80 cm de vão livre
Maçaneta tipo alavanca
Iluminação

ÁREA EXTERNA E LAZER

Corrimãos ao longo de degraus e rampas
Rampas com declividade máxima de 10%
Jardineiras e hortas colocadas a uma altura que permita o acesso sem necessidade de abaixar-se
Espaço para lazer ao ar livre

Cama: deve ser mais alta do que os modelos comuns. Assim, será mais fácil sentar-se no colchão e levantar-se. A altura recomendada é de 55 a 65 cm. (Em vez de comprar uma cama nova, basta levantar a que você já tem.)

Criado-mudo: deve ter a mesma altura da cama. Se a pessoa quiser apanhar algo sobre o móvel, basta estender a mão sobre o criado-mudo.
Lanterna para ser usada no caso de necessidade de se levantar durante a noite.
Luz de cabeceira fácil de ser acesa.
Telefone à mão e lista com os números de auxílio para caso de emergência.

d) *Sala*
Poltronas e sofás com altura entre 55 e 65 cm. Assim como a cama, seus móveis atuais podem ser levantados.
As estantes devem estar bem fixadas ao chão e presas à parede para ser utilizadas também como ponto de apoio.
A TV e o aparelho de som devem ter controle remoto. Os fios precisam estar sempre presos à parede para evitar tropeções.
Os tapetes devem ser removidos para evitar escorregões.

X.
Tipos de fratura

85. Quais as fraturas mais freqüentes na osteoporose?

R: Por ordem de freqüência, estes são os tipos de fratura mais comuns em pessoas com osteoporose: coluna vertebral, punho, quadril, costelas e região proximal do úmero.

Hoje, por projeções, existem no Brasil pacientes com fraturas causadas por osteoporose conforme estimativa discriminada abaixo:

Tipos de fratura	Estimativa
Fraturas da coluna	400 mil
Fraturas do punho	250 mil
Fraturas do colo do fêmur	200 mil
Restantes	50 mil

86. Todas as fraturas da coluna no idoso são cirúrgicas?

R: Não. A grande maioria das fraturas da coluna, na osteoporose, é de tratamento conservador, ou seja, não é cirúrgica, porque é só lembrar a definição de osteoporose e imaginar que o corpo vertebral de um paciente é como um queijo suíço, praticamente vazio por dentro.

O grande problema nessas fraturas, que ocorrem com mais freqüência na região dorsal e lombar, são as cifoses. Por causa dessas fraturas, a paciente pode diminuir de altura, curvando-se para a frente. Esse problema é mais comum nas mulheres, que são mais acometidas de osteoporose e vivem mais tempo. Quando não têm tratamento no início da osteoporose (menopausa), cerca de 25% das mulheres adquirem uma posição cifóide (curvada para a frente). Chama-se a essa anomalia de "corcunda de viúva".

87. Por que as fraturas mais freqüentes são na região dorsal, causando a cifose "de viúva"?

R: Para responder essa pergunta, temos de dar uma pincelada na formação das curvas fisiológicas (normais) da coluna vertebral.

Quando uma criança nasce, a primeira curva fisiológica que se dá na coluna vertebral é a lordose cervical, que aparece em torno dos três meses. Nessa fase, a criança começa a observar tudo que se passa ao seu redor, passa a olhar para cima (lordose vem de lorde), anda com a cabeça empinada; essa curva forma um ângulo em torno de 35°. Aos seis meses, quando a criança começa a engatinhar, forma-se a segunda curva, que é a lordose lombar, formada pelo peso do abdômen, que vai de encontro ao solo; essa também forma um ângulo em torno de 35°.

Quando começa a andar, a criança forma duas curvas ao contrário, se não não consegue adotar a posição bípede, e com isso há duas compensações dessas curvas, que são a cifose dorsal e a cifose sacrococcígea. Lembre-se de que a coluna vertebral (observando-se uma pessoa de baixo para cima) é composta por cinco segmentos: cervical, dorsal, lombar, sacro e coccígeo. Essas duas curvas também formam um ângulo em torno de 35°, para tudo se equilibrar.

As fraturas mais freqüentes em pacientes com osteoporose são na coluna dorsal, nas áreas onde existe maior pressão da gravidade. Por falta de massa óssea, a vértebra começa a se fraturar, primeiramente pela frente do corpo vertebral, acentuando com isso a cifose, e, num estágio mais avançado da osteoporose, o corpo vertebral como um todo é atingido, causando a diminuição da altura em torno de 6-7 cm.

88. Pacientes idosos, osteoporóticos ou não, com fraturas do colo de fêmur, devem ser operados rapidamente?

R: Sim. Quanto mais rápido forem operados, as complicações serão menores. É óbvio que, depois de uma avaliação clínica criteriosa, os que têm indicação cirúrgica devem ser operados.

Estatísticas mundiais comprovam que, quanto mais rápido esses pacientes forem operados, menores serão as complicações.

89. Quais são as complicações das fraturas de colo do fêmur em pacientes idosos, com osteoporose ou não?

R: As fraturas do colo do fêmur em pacientes idosos, com osteoporose ou não, são de grande gravidade, principalmente quanto ao risco de os mesmos virem a falecer. Os maiores riscos são as pneumonias, patologia que mais acomete ao idoso com esse tipo de fratura, e a seguir aparecem as embolias pulmonares, as tromboses e as infecções.

A pneumonia, nesses casos, é causada pela imobilidade que esse tipo de paciente adota, pois ele fica imóvel para não sentir dor.

Por se tratar de paciente idoso, ele já possui um pulmão que ventila mal e assim vai perdendo sua capacidade, ou seja, sua elasticidade, que é a capacidade de receber mais oxigênio (alimento para o nosso corpo) e jogar fora o gás carbônico (o produto imprestável das nossas células).

A diminuição da elasticidade do pulmão começa em suas bases e a não-oxigenação provoca o aparecimento de germes que vêm com a respiração; é nessas bases que esses germes se instalam, causando o que chamamos pneumonia basal no idoso.

Como prevenção, após essas fraturas devemos estimular o idoso a fazer exercícios respiratórios: inspirar (encher o pulmão), expirar bem forte (jogar fora o ar que não serve). É um ótimo exercício — num linguajar comum, é bom e barato.

Outro tipo de exercício é fazer com que o paciente encha bolas de festas infantis, o que aumenta sua capacidade respiratória. Devemos também estimulá-lo a tossir com certa freqüência, mesmo sem vontade, com o mesmo intuito anterior, ou seja, melhorar a capacidade respiratória.

Outra complicação extremamente grave que pode ocorrer com o idoso nesse tipo de fratura é a trombose, interrupção da passagem do sangue pelos vasos, que causa trombos (bolas de sangue coaguladas), responsáveis por cerca de 2% dos óbitos nesses pacientes. Por vezes, esse sangue que pára nos vasos causando inchaço na perna ou em outra região pode soltar-se, indo para órgãos vitais, como os pulmões, interrompendo aquela troca de oxigênio por gás carbônico que se passa nesse órgão. É isso que chamamos de embolia pulmonar. Nas formas graves, é quase fatal. Nas formas mais brandas, quando esse êmbolo pára num vaso pequeno, causando uma falta de ar não muito grande (que é repentina), temos de entrar em contato com a máxima urgência com um médico.

Como prevenção, nós usamos nesses pacientes drogas anticoagulantes, antes e após as cirurgias. Estimulamos a movimentação desses pacientes, através de movimentos ativos.

As infecções também são de grande gravidade e podem levar à septicemia (infecção generalizada). Como prevenção, temos os antibióticos e os cuidados de higiene, tanto no hospital quanto em casa, através de curativos limpos. A maior prevenção é sempre lavar as mãos antes e depois de atender esses pacientes.

90. A recuperação de uma cirurgia de colo de fêmur se dá em quanto tempo?

R: Geralmente, de três a seis meses, dependendo da técnica que se vá executar na cirurgia, que depende diretamente do tipo de fratura do colo do fêmur. Há fraturas que, por serem mais graves, exigem um tempo de recuperação maior, e outras, um tempo menor.

91. Todos os pacientes que sofrem fratura do colo do fêmur voltam a andar normalmente?

R: Infelizmente, não. Estatísticas mundiais comprovam que dos pacientes idosos, osteoporóticos ou não, com fratura de colo de fêmur, 50% voltam a andar com apoio externo (muletas e bengalas); outros 20% vêm a falecer por várias causas até dois anos após essas fraturas e 30% voltam a andar normalmente.

92. Todas as fraturas do punho são cirúrgicas?

R: Não. As cirúrgicas são aquelas que estão desviadas em um plano e as cominutivas (vários fragmentos ósseos), e sua recuperação se dá em torno de três meses. São de bom prognóstico quanto à recuperação funcional.

93. Meu marido tem gonoartrose nos dois joelhos. Já consultou diversos ortopedistas, que lhe recomendaram fisioterapia e medicação oral. Ele tem 48 anos e já está com as duas pernas tortas. Somente um médico recomendou a cirurgia, pois o acham ainda novo. Ele sente muitas dores e sofre muito. Que orientação ele pode ter?

R: No caso descrito, acho que seu médico tem razão em prescrever fisioterapia, exercícios adequados e medicação antiinflamatória; os desvios das pernas e o estado adiantado da artrose de joelhos oportunamente têm de ser corrigidos com cirurgia ortopédica.

A avaliação do problema e da extensão das lesões deve ser periodicamente feita e acompanhada pelo reumatologista e pelo ortopedista. A medicação conservadora pode ser prescrita, porém, deve-se avaliar bem o tempo para a intervenção cirúrgica.

94. Posso fazer uma fratura sem cair ou bater a perna, apenas andando ou me exercitando? Minha osteoporose está bem avançada.

R: Em casos de osteoporose avançada, mesmo sem grandes quedas, podem ocorrer as fraturas. Procure evitar as quedas, caminhar com cuidado, usar apoio (bengala) e estar sempre em contato com seu médico. Não deixe de tratar a osteoporose.

XI. Reumatismo, artrite e artrose

95. Tenho 77 anos e sinto uma dor terrível nos braços. Os médicos dizem que é artrose e que não tem cura. É verdade?

R: Inicialmente é preciso saber o local exato da artrose. Não existe artrose nos braços e sim na coluna cervical, que pode comprometer as raízes dos nervos que saem da coluna para os braços, e então provocar dores terríveis nos braços.

Artrose de ombro, cotovelo ou punho, por exemplo, são menos comuns e, mesmo quando existem, dificilmente provocam dores terríveis. Essa artrose provavelmente deve ser na coluna cervical e a causa da dor é uma compressão da raiz do nervo que sai da coluna para o braço.

"Os médicos dizem que é artrose e não tem cura." Realmente, a artrose não tem cura. Mas tem tratamento. Alguns estudos já mostram que o uso de medicamentos por três ou quatro anos possibilita uma regeneração da cartilagem articular. E a artrose nada mais é do que a degeneração da cartilagem articular.

Ora, se é possível restabelecer uma cartilagem em melhor estado, pode não se obter uma cura, mas é possível uma melhora. Com a evolução dos estudos, dentro de alguns anos talvez se possa dizer que a artrose tem cura.

Mas o mais importante é que, se conseguirmos recuperar a cartilagem, a função da articulação onde essa cartilagem está degradada vai melhorar, como também as dores e a qualidade de vida do paciente com artrose.

96. Gostaria de saber qual o tratamento que devo fazer para a artrose. Qual o melhor medicamento para prevenir o desenvolvimento da doença?

R: A artrose é uma doença em que ocorre uma degradação da cartilagem articular. Até há uns seis ou sete anos, não existia nenhum medicamento, nenhuma maneira de interferir nessa degradação da cartilagem; mas, de lá para cá, tem-se observado estudos com alguns medicamentos que procuram evitar ou diminuir o aparecimento e a evolução da artrose.

O medicamento mais utilizado para isso chama-se glucosamina. A glucosamina, estudada inicialmente na Europa, foi aprovada no último Congresso Americano de Reumatologia para tratamento da artrose, porque se demonstrou que, após anos de uso da glucosamina — cujo nome comercial é Viartril —, havia sinais de regeneração da cartilagem do joelho, avaliados pela ressonância magnética.

Outro medicamento que teria um papel na prevenção da artrose, interferindo no metabolismo de degradação da cartilagem articular, é a diacereína.

No entanto, ainda não existem estudos controlados que mostrem a recuperação da cartilagem, mas o que observamos no dia-a-dia com o paciente é que há melhoras tanto na sintomatologia da dor quanto nos sinais de degradação clínica da cartilagem.

Para tratamento de artrite reumatóide (não da artrose), o Prosorba é um medicamento ainda em fase experimental nos Estados Unidos.

97. Qual o tipo de alimento para evitar artrite?

R: Inicialmente precisamos esclarecer que artrite no singular não é uma doença. Existem diversos tipos de artrite.

Artrite significa inflamação da articulação. Quando alguém diz que tem artrite, é preciso esclarecer de que tipo se trata. A artrite mais conhecida é a reumatóide, aquela em que se observa uma deformidade principalmente nas mãos das pessoas. Para esse tipo de artrite, não existe nenhuma dieta, nem para evitar, nem para ajudar a tratar.

Outro exemplo de artrite é a infecciosa, provocada por uma bactéria que entra na articulação. Também não existe dieta, porque não há como tratar, melhorar ou evitar uma infecção com dieta.

O único tipo de artrite em que a dieta tem uma participação é a gotosa. A gota é uma doença metabólica provocada pelo depósito de cristais de ácido úrico dentro da articulação. Esses cristais de ácido úrico provocam uma inflamação tremenda e formam um quadro de dor intensa, que é conhecido como a crise aguda de gota. Quando se perpetua, a gota se transforma em artrite gotosa. Na verdade, os alimentos não desencadeiam crise, mas aumentam a produção de ácido úrico no sangue e, a partir daí, o ácido úrico forma cristais que se depositam nas articulações.

Os alimentos que aumentam a taxa de ácido úrico são: vísceras de animais (fígado, coração etc.), carne vermelha, bebida alcoólica e sardinha. Mas é importante levar em consideração que, antes de se fazer uma dieta, é preciso saber se realmente a causa dessa artrite gotosa é alimentar. No caso de a pessoa com alta taxa de ácido úrico ter um defeito de eliminação da substância, mesmo uma dieta rigorosa não fará com que essa taxa diminua. O problema aí não é de produção e sim de eliminação.

Para as artrites em geral, é importante definir de que tipo se trata. O único tipo de artrite que pode ter uma influência alimentar é a artrite gotosa.

Existem muitas outras formas de artrite: artrite do lúpus eritematoso, artrite reativa, artrite provocada pela febre reumática (que é uma infecção de garganta que posteriormente atinge as articulações e por vezes se o coração) etc. Estas formas de artrite não têm a menor influência de alimentos.

98. Uma pessoa com 37 anos e com uma compressão na coluna (entre a C5, C6 e C7) tem tendência a ter osteoporose?

R: Não existe uma relação direta entre esta compressão por discos da coluna cervical e a osteoporose. No caso de *colapsos* osteoporóticos dos corpos vertebrais, pode haver relação, mas compressões na maioria das vezes se dão por processos de desgaste dos discos (cartilagens entre as vértebras, artrose, hérnias de disco, artrites etc). Seu médico deve efetuar o diagnóstico destas compressões e tratá-las adequadamente (imobilização, fisioterapia, cirurgia etc.).

99. Tenho osteoporose na coluna no grau 2.8 e osteopenia no fêmur direito. No momento, estou com inflamação nas duas panturrilhas, mas não levei nenhum tombo. Existe correlação com a perda óssea? Estou com 65 anos.

R: Existem dados de densitometria óssea que levam ao diagnóstico de osteoporose. Este quadro do esqueleto deve ser tratado adequadamente, por seu médico. Paralelamente, as queixas de inflamação nas panturrilhas não devem ser devidas ao processo de perda de massa óssea existente. Procure seu médico para fazer um diagnóstico voltado para alterações musculares locais, circulatórias e articulares (coluna). Na verdade, estes sintomas não têm relação com a osteoporose detectada na densitometria.

100. O que provoca a rigidez muscular? Estresse ou outro fator?

R: A área do corpo onde se encontra mais rigidez muscular é na musculatura paravertebral, isto é, a que se encontra ao redor da coluna, e qualquer doença de coluna provocará uma rigidez muscular.

Para controlar essa rigidez muscular, geralmente utilizamos miorrelaxantes, que vão aliviar essa rigidez. Mas existe rigidez fora da coluna também. Há um grupo de doenças reumáticas denominadas miopatias que podem provocar não só a rigidez muscular como o oposto, que é a fraqueza muscular.

A fraqueza muscular vai atingindo progressivamente todos os músculos do organismo, ao ponto de a pessoa não conseguir se levantar de uma cadeira, precisando de ajuda de alguém. Então é preciso definir muito melhor o que se chama de rigidez muscular. O estresse não pode causar uma rigidez muscular, mas geralmente quem tem algum tipo de problema, alguma doença que atinja os músculos, com certeza vai piorar em períodos de estresse, porque o estresse contrai a musculatura do nosso organismo.

101. Tenho 33 anos e sofro de lúpus há cinco e tive uma fratura de antebraço. O lúpus pode provocar osteoporose?

R: O lúpus eritematoso sistêmico é uma doença auto-imune em que a paciente (é muito mais freqüente em mulheres do que em homens) produz anticorpos contra diversas estruturas do organismo, desde a pele, articulação, podendo atingir rim, pulmão etc.

Trata-se de uma doença potencialmente grave, que deve ser tratada em todos os aspectos, inclusive também na parte óssea.

As alterações ósseas no lúpus aparecem da mesma maneira que nas outras doenças reumáticas de origem inflamatória. Existem mediadores químicos que vão interferir no metabolismo ósseo, diminuindo a massa óssea desses pacientes. Além disso, uma das drogas utilizadas no tratamento do lúpus é a cortisona, que provoca a osteoporose. Então, o que se observa é uma incidência maior de osteoporose em pacientes com lúpus do que em pacientes consideradas normais.

A fratura apresentada no antebraço provavelmente foi provocada por uma baixa de massa óssea devida à própria doença ou ao uso de corticosteróide.

O interessante é observar que as pacientes com lúpus têm muito mais fatores de risco para desenvolver osteoporose do que as com artrite reumatóide, por exemplo. As pacientes com lúpus estão proibidas de pegar sol, geralmente fazem pouca atividade física. Se o lúpus tiver um envolvimento renal, essas pacientes vão apresentar alterações na eliminação de cálcio. Apesar de todos esses fatores de risco, o doente de lúpus que desenvolve osteoporose não a terá tão intensa nem com tanta freqüência como o paciente de artrite reumatóide, por exemplo.

Uma hipótese bastante disseminada é que a mulher que desenvolve lúpus teria como fator de proteção uma produção de estrogênio maior. Mas não devemos nos fiar nessa pseudoproteção, porque os outros fatores capazes de provocar osteoporose nessas pacientes são muito poderosos e ela deve ser prevenida desde o início do tratamento.

XII. Osteoporose em homens

102. É comum a osteoporose no homem?

R: A osteoporose é uma doença que atinge mais as mulheres, mas o homem também pode sofrer do problema do desgaste ósseo e ter uma tendência às fraturas. Um em cada 10 homens, a partir dos 65/70 anos, pode desenvolver a doença.

Três fatores estão ligados à osteoporose em homens:

a) alcoolismo;
b) uso de cortisona (de corticosteróide), de forma prolongada, e
c) hipogonadismo masculino (andropausa).

O hipogonadismo nada mais é do que a redução das taxas de testosterona, que é o principal hormônio masculino produzido pelo testículo.

O decaimento de testosterona ocorre a partir dos quarenta anos, mas alguns homens têm uma queda muito acentuada e começam a ter manifestações como fraqueza, cansaço, acúmulo de gordura abdominal e diminuição da massa óssea. Estas são características da diminuição de hormônios masculinos que podem atingir alguns homens. E são estes os fatores que indicam uma medida de massa óssea através da densitometria.

Outras doenças podem causar osteoporose em homens. Como um problema da glândula paratireóide: trata-se de uma doença chamada hiperparatireoidismo.

Homens que fumam grande quantidade de cigarros, junto com o hábito de beber, têm uma tendência maior à osteoporose.

A partir dos setenta anos, o homem tem a mesma chance que a mulher de desenvolver a osteoporose, como também sofre de fraturas de colo de fêmur à mesma taxa que a mulher em idade mais avançada. Portanto, a osteoporose também deve ser uma preocupação para os homens.

103. Qual o benefício do tratamento para o homem?

R: Idêntico ao das mulheres, só que não utilizamos hormônios femininos. Utilizamos hormônio masculino (androgênio) ou bifosfanatos, ou outros. Uma opção pode ser o GH (hormônio do crescimento), sempre associado a cálcio, nutrição e exercícios.

104. Por que a osteoporose no homem começa mais tarde?

R: A osteoporose do homem é mais comum após os 65 anos de idade, quando inicia a perda dos hormônios sexuais masculinos (testosterona). Sabemos que a osteoporose do homem (perda da massa óssea) tem também como fatores importantes o alcoolismo e o uso de cortisona e derivados por muito tempo.

Dos cinqüenta aos 65 anos, a proporção de osteoporose no homem em relação à mulher é de vinte mulheres para um homem. Dos 65 em diante, essa proporção é de quatro mulheres para um homem. A osteoporose do homem deve ser tratada de maneira precoce, fazendo seu médico um diagnóstico diferencial com outras doenças ósseas.

105. Meu esposo, de 52 anos, sofre de espondilite anquilosante desde os 25 anos. Deveria usar medicamentos para prevenir a osteoporose?

R: A espondilite anquilosante é uma doença inflamatória, que atinge a coluna e algumas articulações periféricas, levando também a problemas de tendinite. Como é uma doença inflamatória, existe a liberação de mediadores químicos da inflamação.

Estes mediadores químicos da inflamação vão provocar uma redução da densidade do osso, isto é, a osteoporose. Geralmente, na coluna desses pacientes existe uma calcificação muito grande provocada, pela lesão dos tendões. Num exame de densitometria óssea de coluna do paciente de espondilite anquilosante apesar da osteoporose, o exame geralmente terá resultado normal. Da mesma forma que na artrite reumatóide, nos quadris de espondilite anquilosante há uma liberação muito grande de mediadores que interferem no metabolismo ósseo.

Então, é preciso ter muito cuidado ao se interpretar um exame de densitometria óssea de um paciente com espondilite, porque nesses casos a osteoporose está localizada no fêmur ou no antebraço. O exame da coluna pode vir mascarado pelas calcificações que a espondilite provoca.

Se esse paciente vai desenvolver uma osteoporose, deve-se iniciar um tratamento preventivo o mais rápido possível. A diferença, por exemplo, entre o paciente de espondilite e o de artrite reumatóide é que na espondilite dificilmente utilizamos a cortisona: ele terá uma osteoporose provocada somente pela própria doença.

106. Como posso prevenir as fraturas em meu pai, que tem 75 anos?

R: O principal cuidado é impedir as quedas, mesmo com pequenos impactos. O tratamento adequado da osteoporose senil (acima dos sessenta anos) pode diminuir de maneira acentuada o risco das fraturas.

A maioria das quedas se dá na própria casa. Evitar as chamadas "armadilhas arquitetônicas": tapetes soltos, ausência de corrimão nas escadas, levantar depressa à noite e no escuro. Usar sempre sapatos com solado antiderrapante, estar sempre com os óculos precisos, sentar devagar e com cuidado no vaso sanitário e, na rua, olhar por onde caminha com atenção para buracos, saliências nas calçadas etc.

XIII. Osteoporose em crianças

107. Criança também tem osteoporose?

R: Pode ter. Não é tão comum quanto no adulto, mas a criança que tem osteoporose deve ser investigada, pois geralmente esta será secundária a uma outra doença.

Então, é importante que se investigue, numa criança que apresente massa óssea baixa, outras patologias como: artrite reumatóide, lúpus eritematoso, doenças endocrinológicas etc. Uma causa de osteoporose primária em criança é uma doença chamada osteogênese *imperfecta*, uma doença genética, que não é comum, mas também não é rara, que provoca um número de fraturas absurdamente alto em crianças.

Temos pacientes que, antes de iniciar um tratamento para osteogênese, têm uma média de sessenta-setenta fraturas por ano. Basta um leve trauma, e a criança com dois, três anos, que normalmente cai muito, pode ter fraturas com muita faciíidade.

A osteogênese *imperfecta* é um defeito na mineralização do osso, um defeito genético da formação óssea.

108. Gostaria de saber se meu sobrinho de 12 anos, que faz uso de medicação contra convulsão, pode ter osteoporose e ficar vulnerável a fraturas.

R: O uso de anticonvulsivante de forma crônica altera o metabolismo ósseo, não só na quantidade do osso, mas também na qualidade do osso. A mineralização do osso então fica alterada pelo uso crônico de anticonvulsivante. Uma criança de 12 anos, com epilepsia, por exemplo, vai ter de utilizar um anticonvulsivante durante muito tempo e é grande candidata a desenvolver o que os franceses chamam de "osteoporomalácia", que seria uma mistura de osteoporose, que é uma diminuição da densidade do osso, com osteomalácia, que é um defeito na mineralização do osso.

Então, na verdade, o paciente que usa anticonvulsivante não teria osteoporose clássica, e sim osteoporose com deficiência na mineralização, que seria uma osteoporomalácia, que é muito mais fácil de ser tratada do que a própria osteoporose. Crianças ou adolescentes que façam uso de anticonvulsivante devem fazer tratamento para evitar o surgimento da doença.

Outro aspecto importante é o uso indevido de anticonvulsivantes. Muitas crianças com diagnóstico de disritmia passam a utilizar anticonvulsivantes. Com receio de que a criança venha a ter uma convulsão, por vezes a mãe acaba ministrando o remédio por contra própria — sem saber se ainda é necessário. Essa criança pode desenvolver osteoporose, ou "osteoporomalácia", no futuro.

XIV.
Sexualidade

109. Tenho 62 anos e há algum tempo sinto dor durante as relações sexuais. Esse problema se agravou porque eu e meu marido intensificamos nossa vida sexual desde que ele começou a se tratar com sildenafil (Viagra). Eu não faço reposição hormonal, mas o que fazer para não sentir dor?

R: A menopausa é associada a uma diminuição bastante acentuada da produção estrogênica endógena, que apresenta como resultado a atrofia do epitélio vaginal, com subseqüente desconforto vaginal, prurido e dispareunia.

A dor e o sangramento que podem ocorrer durante o coito são causados pela vagina atrófica, que se encurta e se torna estreita, ficando a superfície vaginal friável e podendo formar soluções de continuidade durante o coito, responsáveis pela dispareunia.

110. Estrogênios podem me proporcionar uma vida sexual melhor após a entrada na menopausa?

R: Sim, o estrogênio é responsável por manter as características e a flexibilidade da vagina, bem como a lubrificação. Quando não ocorre a lubrificação, há certas dificuldades, que podem tornar o sexo desconfortável ou mesmo doloroso.

Muitas vezes a mulher espera que surjam esses sintomas para se convencer da necessidade de um tratamento.

A menopausa não implica a negação da vida sexual, mas exige certos cuidados que podem favorecer a sexualidade feminina.

111. Estou com 55 anos e nunca tive problemas com a minha vida sexual, embora veja minhas amigas reclamarem de falta de libido. Por que comigo é diferente?

R: Não existem idades "predeterminadas"; pode acontecer de uma mulher que entrou na menopausa na sua idade não ter nenhum problema sério até dez anos depois, enquanto outra mulher que tenha entrado na menopausa aos 35 anos pode ter problemas com a sexualidade aos 45 anos, a menos que tome estrogênio.

112. Quanto tempo leva entre o começo da menopausa e os problemas de desconforto no ato sexual de que tanto se fala?

R: A menos que a mulher não consiga ter relações sexuais que não sejam dolorosas ou desconfortáveis, usualmente leva de cinco a dez anos desde que se começa a perder a fonte de estrogênio e o surgimento de problemas vaginais, como falta de lubrificação.

113. O que devo fazer para não deixar de ter relações sexuais satisfatórias?

R: Na nossa sociedade, existe o tabu de que as pessoas de meia-idade, sejam homens ou mulheres, não podem ou não devem ter relações sexuais. A cada dia este mito vem caindo, pois é falso. A habilidade de ter e de desejar o sexo só termina com a própria vida. Isto nunca pára, embora muitas mulheres parem de ter relações sexuais.

Mas é importante valorizar a sexualidade feminina em qualquer idade, mesmo após a menopausa. Uma solução para as mulheres é a terapia de estrogênio, que ajuda a promover uma vida sexual bastante satisfatória. É importante discutir seus problemas com o médico, para que ele possa ajudá-la.

114. Em que a atividade sexual poderia me ajudar fisicamente?

R: O sexo ajuda a manter a elasticidade, a flexibilidade e a lubrificação da vagina. Estima-se, segundo os estudos médicos, que relações sexuais uma a duas vezes por semana, durante anos, podem ajudar a mulher a se manter interessada no sexo. A estimulação ajuda a manter a secreção, mantém o tônus muscular e ajuda a preservar o órgão sexual.

XV.
Perspectivas

115. Quais são as perspectivas para o tratamento da osteoporose?

R: Uma perspectiva interessante é o uso de outro hormônio, o hormônio do crescimento (GH), produzido na base do cérebro, na hipófise, que tem ação sobre a massa óssea, sobre a massa muscular, sobre o acúmulo de gorduras. Atualmente é produzido por engenharia genética, em laboratórios.

Pesquisas mostram que, com o uso de GH em homens de mais de sessenta anos, se obteve um ganho da densidade mineral óssea tanto na coluna lombar como no fêmur (a partir de dois anos de uso do hormônio). Ele teria uma ação benéfica sobre a composição corporal, aumentando a massa muscular e diminuindo a de gordura.

Outro medicamento promissor é o PTH. O PTH é o hormônio da paratireóide, que, utilizado em dose pequena, injetável, demonstrou aumentar a espessura das trabéculas ósseas e ser também promissor no tratamento da osteoporose, prevenindo o aparecimento de novas fraturas. Está em fase de lançamento mundial com o nome de Forteo.

Uma nova perspectiva em termos de osteoporose será a terapia genética. Trata-se do estudo de genes ligados à massa óssea, que, quando modificados, levariam ao aumento do número de trabéculas ósseas. Um gene ligado ao receptor de calcitonina (hormônio da tiereóide) é um dos que vêm sendo estudados para estimular a formação óssea.

Alguns metais, como o estrôncio, também têm sido pesquisados, e com certeza novos medicamentos, novos moduladores seletivos receptores dos estrogênios, chamados "*serms*", devem surgir no mercado para tratamento da osteoporose, assim como novos bifosfanatos cada vez mais potentes serão utilizados como medicamentos promotores do aumento da massa óssea.

Palavras Finais

Este livro foi elaborado para ajudar as pessoas a conhecerem melhor a *Osteoporose* e saberem, através de especialistas, como prevenir e tratar corretamente a doença. Em nenhum momento estimulamos a automedicação. Nossa orientação é sempre no sentido de que se busque o auxílio do seu médico, com certeza, uma opinião abalizada de quem o conhece bem.

Agradecemos a todos que participaram direta ou indiretamente, colocando-nos à disposição caso ainda persistam alguns questionamentos.

Os Autores

Glossário

Alendronato de sódio — medicamento da família dos bifosfanatos.

Androgênios — grupo de hormônios masculinos.

Andropausa — redução dos níveis de hormônios masculinos.

Artrite — inflamação das juntas que pode causar dor e vermelhidão.

Bifosfanato — sal sintético derivado do pirofosfanato e usado na osteoporose.

Cálcio — o mais importante mineral encontrado nos ossos; fortalece os ossos, evitando a osteoporose.

Cafeína — estimulante existente no café, chá e bebidas à base de cola. Em excesso, é considerado um fator de risco para a osteoporose, e também aumenta a perda de cálcio pela urina.

Calcitonina — hormônio produzido na glândula tireóide, que inibe a perda de massa óssea.

Cifose — curvatura anterior da coluna vertebral.

Climatério — período que abrange a menopausa e alterações no período posterior a esta.

Colesterol — substância gorda encontrada no corpo, a partir da qual alguns hormônios são feitos. Pode causar a arteriosclerose.

Corticosteróides — são substâncias produzidas na glândula adrenal ou em certos tipos de medicamentos similares à cortisona.

Densitometria óssea — tipo de teste radiológico usado para medir a massa óssea e/ou sua densidade.

Dispareunia — dor durante o ato sexual.

Esteróides sexuais — classe de hormônios.

Estradiol — ou 17-beta estradiol é um tipo de estrogênio encontrado em tabletes orais e em adesivos; é o hormônio feminino natural, produzido pelo ovário.

Estrogênio — hormônio feminino produzido pelos ovários. Existem diversos tipos de estrogênio, como estradiol, estriol e estrona.

Evista — nome comercial para o haloxifeno, produto *serm* usado na menopausa.

Fogacho — ondas de calor, um dos sintomas da menopausa.

Forteo — teriparatida, hormônio sintético da paratireóide.

HDL — abreviatura para *high-density lipoprotein*, isto é, lipoproteína de alta densidade, que é um tipo de colesterol bom.

Hormônio — substância química produzida em um órgão do corpo, que controla ou afeta as funções de outros órgãos, como ocorre com o estrogênio.

Hormônio do crescimento — produzido na hipófise, promove o crescimento dos tecidos.

Hormônio da paratireóide — promove a renovação óssea.

Hormônio feminino — estrogênio é o principal, produzido no ovário e no tecido gorduroso.

Hormônio tireoidiano — responsável pelo metabolismo de calor, pelos tecidos e batimentos cardíacos.

LDL — abreviatura para *low-density lipoprotein*, lipoproteína de baixa densidade. É um tipo de colesterol que pode causar arteriosclerose.

Lombalgia — dor lombar.

Lordose — acentuação da curvatura posterior da coluna vertebral.

LT4-levotiroxina — hormônio da tireóide.

Mamografia — procedimento de raio X para detectar nódulos na mama.

Massa óssea — o conjunto de minerais em um osso. É diferente de densidade óssea, mas é usado como sinônimo desta.

Menopausa — deficiência dos ovários que causa deficiência de estrogênio e interrupção dos períodos menstruais.

Menopausa precoce cirúrgica — histerectomia.

Método Dexa — densitometria por absorção de fótons de dupla energia.

NTX — marcador bioquímico que avalia a remodelação óssea.

Osteogênese imperfecta — doença genética que gera ossos frágeis.

Lúpus eritematoso — doença imunológica que afeta ossos e articulações.

Osteopenia — redução da densidade mineral óssea.

Premarin — estrogênios conjugados.

Progesterona — hormônio feminino, assim como o estrogênio, é produzido nos ovários em maior quantidade na segunda fase do ciclo menstrual.

Risidronato — bifosfanato de última geração.

Serm — Evista para o tratamento da osteoporose.

Testosterona — hormônio sexual masculino.

Tibolona — hormônio sintético com ação estrogênica, progestagênica e androgênica.

Trabéculas ósseas — hastes que dão resistência à microarquitetura óssea.

Vitamina D — vitamina lipossolúvel presente nos alimentos e na pele que promove absorção de cálcio.

ÍNDICE

Conheça os Autores

DR. LUIS AUGUSTO TAVARES RUSSO

Professor Assistente do Curso de Pós-graduação em Endocrinologia, Nutrição e Diabetes da PUC-RJ.

Presidente da Sociedade Brasileira de Estudo do Metabolismo Ósseo e Mineral (Sobemom).

Membro da International Osteoporosis Foundation.

Membro da International Society for Bone Densitometry.

Diretor Médico da Clínica Densso de Densiometria e Diagnóstico da osteoporose.

O Dr. Russo é seguidor de um dos mais eminentes mestres e especialistas em Endocrinologia e doenças do metabolismo, Prof. Luiz César Povoa, que despertou nele o interesse em estudar e pesquisar as doenças ósseo-metabólicas e de acompanhamento de mulheres e de homens no climatério, que necessitem de reposição hormonal.

Atualmente, no seu Centro de Diagnóstico, o Dr. Russo, com a experiência de mais de cem mil pacientes acompanhados através da Densitometria Óssea, passou também a avaliar pacientes na menopausa, através de exames de mamografia, ultra-sonografia e dosagens hormonais.

É atual Presidente para o biênio 2001-2003 da Sobemom e realizou em 2001 o II Congresso Nacional de Metabolismo Ósseo no Rio de Janeiro. Dentre suas obras publicadas, destacam-se:

WERBACH, Melvyn. *A Cura Através da Nutrição. Uma abordagem natural do tratamento de 50 doenças comuns com dietas e nutrientes.* Revisão técnica e prefácio de Luis Augusto Tavares Russo. Rio de Janeiro: Revinter, 2001.

RUSSO, Luis Augusto Tavares. "Métodos Diagnósticos na osteoporose." In: LEMGRUBER, Ivan, PÓVOA, Luiz César e CARNEIRO, Roberto (org.). *Perimenopausa, climatério e senectude.* Rio de Janeiro: Revinter, 1999.

Consultório: Rua Visconde Silva, 52, sala 803
Edifício do Colégio Brasileiro de Cirurgiões
Botafogo, Rio de Janeiro, RJ
CEP: 22271-090

Telefones: (21) 2286-9996 e (21) 2539-4252
E-mail: russo@densso.com.br
Densso Clínica: Rua Visconde Silva, 32
Botafogo, Rio de Janeiro, RJ
CEP: 22271-090
Telefone/fax: (21) 2537-7944
Site: www.densso.com.br

DR. LUIZ HENRIQUE DE GREGÓRIO

Professor Assistente do Curso de Pós-graduação em Endocrinologia, Nutrição e Diabetes da PUC-RJ.
Membro da International Society for Bone Densitometry.
Membro da National Osteoporosis Foundation.
Membro da Diretoria da Sociedade Brasileira de Endocrinologia e Metabologia.
Mestre em Endocrinologia pela PUC-RJ.
Diretor Médico da Clínica Densso de Densitometria e Diagnótico da osteoporose.
O Dr. Gregório tem, juntamente com o Dr. Russo, a Densso Clínica há mais de 10 anos. É um dos pioneiros da área da Densitometria Óssea e no diagnótico da Osteoporose.
É fundador da Sociedade Brasileira de Densitometria Óssea e já realizou três Congressos brasileiros e um Congresso Internacional, no Rio de Janeiro.
Tem por objetivo normatizar e avaliar a qualidade e a formação de médicos e técnicos na área de Densitometria Óssea.
O Dr. Gregório tem o Professor Luiz César Póvoa como seu grande mestre e incentivador.
Tem diversas traduções publicadas de livros na área médica e vários capítulos de livros médicos, em que destaca artigo publicado no livro:
LEMGRUBER, Ivan, PÓVOA, Luiz César e CARNEIRO, Roberto (org.). *Perimenopausa, climatério e senectude.* Rio de Janeiro: Revinter, 1999.

Consultório: Rua Visconde Silva, 521, sala 1106
Edifício do Colégio Brasileiro de Cirurgiões
Botafogo, Rio de Janeiro, RJ
CEP: 22271-090
Telefone: (21) 2286-6443
E-mail: gregorio@densso.com.br

Densso Clínica: Rua Visconde Silva, 32
Botafogo, Rio de Janeiro, RJ
CEP: 22271-090
Telefone/fax: (21) 2537-7944
Site: www.densso.com.br

DR. ROBERTO A. CANEIRO

Livre Docente da Faculdade de Medicina da UFRJ.
Professor de Reumatologia do Hospital de Clínicas da UFRJ.
Membro da Academia Nacional de Reumatologia — Titular da Cadeira 25.
Professor Titular do Instituto Pós-graduação Carlos Chagas-RJ.
Fundador da Sobemon-RJ, em 1995, sendo seu Presidente até 2000.
Formado em Medicina de Aviação (1960) e Curso de Medicina de Esportes (1959).
Membro Associado da American Society for Bone and Mineral Research.
Membro Associado da International Osteoporosis Foundation.
Título de Cidadão Carioca pela Assembléia Legislativa do Rio de Janeiro.
O Dr. Carneiro, formado em 1957 no Rio de Janeiro, na então Universidade do Brasil (atual UFRJ), foi Residente. Especialista Temporário da 3ª Cadeira Clínica Médica e, quando formado, Chefe do Serviço de Reumatologia e Chefe de Clínica da 3ª Cadeira Clínica Médica U.B, Chefe e fundador do Setor de Reumatologia do então Instituto dos Bancários e, posteriormente, fundador do Hospital da Lagoa (INAMPS) e Chefe do Serviço de Medicina Física deste Hospital.
Interessado em Reumatologia e Doenças Ósseas desde 1954 e, de 1971 para cá, especialmente em Metabolismo Ósseo. Participa de Congressos Internacionais de Reumatologia (em número superior a 30) e de Metabolismo Ósseo (mais de 18), desde a década de 80.
Realiza inúmeras palestras no Rio de Janeiro e em todo o Brasil, e caminhadas para leigos (em número de 4 na década passada).
Tem participação no exame de teses para docência e doutorado (mais de 30 bancas).
Trabalhos publicados em participação em Livros de Reumatologia (mais de 30 trabalhos) e capítulos em livros (22 capítulos). Dentre suas obras destaca-se: LEMGRUBER, Ivan, PÓVOA, Luiz César e CARNEIRO, Roberto (org.). *Perimenopausa, climatério e senectude.* Rio de Janeiro: Revinter, 1999.

Consultório: Av. Nossa Senhora de Copacabana, 728, conjuntos 1.102 e 1.103
Copacabana, Rio de Janeiro, RJ
CEP: 22050-000
Telefone/fax: (21) 2256-6080
E-mail: chcarneiro@uol.com.br

DR. JAIME SAMSON DANOWSKI

Graduado pela Universidade Federal do Rio de Janeiro em 1973.
Chefe do Departamento de Reumatologia do Hospital Israelita Albert Sabin, Rio de Janeiro.
Professor do Curso de Pós-graduação em Reumatologia da Santa Casa de Misericórdia, RJ.
Diretor Científico da Sociedade de Metabolismo Ósseo do Rio de Janeiro (2000/2001).
Presidente da Sociedade de Densitometria Óssea do Rio de Janeiro (1997/1998).
Membro da International Osteoporosis Foundation.

Consultório: Av. Nossa Senhora de Copacabana, 1.059, sala 903
Copacabana, Rio de Janeiro, RJ
CEP: 22060-000
Telefone: (21) 2523-3849
Fax: 2523-6450
E-mail: jsd@infolink.com.br

DR. RAIMUNDO GROSSI

Diretor Geral do Hospital Estadual Anchieta.
Diretor de Relações Médicas da Fundação Pro Instituto Nacional da Traumato-Ortopedia.
Vice-presidente da Sociedade Brasileira do Estudo do Metabolismo Ósseo e Mineral-RJ.
Editor Científico do *Jornal do Osso.*
Membro do Conselho de Administração da Unimed-Rio.
Membro da Comissão Científica do Comitê de Osteoporose da Sociedade Brasileira de Ortopedia e Traumatologia.
Membro Titular da Sociedade Brasileira de Ortopedia e Traumatologia.

Membro Internacional da Academia Americana de Cirurgiões Ortopédicos.
Medalha Pedro Ernesto, ofertada pela Câmara Municipal do Rio de Janeiro.
Diretor Médico do Instituto Ortopédico de Jacarepaguá.
Membro da Sociedade Latino Americana de Ortopedia e Traumatologia.
Membro da Sociedade Internacional de Osteossíntese.
Membro Titular do Comitê de Trauma da Sociedade Brasileira de Ortopedia e Traumatologia.
Membro do Comitê de Osteoporose e Doenças Osteometabólicas da Sociedade Brasileira de Ortopedia e Traumato-Ortopedia.
O Dr. Grossi iniciou carreira médica na UFRJ em 1967, fez mestrado em Ortopedia e teve como orientador o saudoso Professor Valdemar Rosa dos Santos, que o iniciou na pesquisa ortopédica e na clínica ortopédica.
Após a residência no Hospital de Traumato-Ortopedia, tornou-se Assistente do Serviço de Ortopedia do H.T.O. e ali galgou vários postos e hoje é coordenador da unidade 2 do Instituto Nacional de Traumato-Ortopedia — Hospital Estadual Anchieta, do qual é Diretor Geral.

Consultório: Rua Olegário Maciel, 570, sala 202
Barra da Tijuca, Rio de Janeiro, RJ
CEP: 22621-200
Telefone e Fax: (21) 2493-0038
Site: www.raimundogrossi.hpg.com.br

Para Saber Mais

CHAIMOWICZ, F. *Os idosos brasileiros no século XXI. Demografia, saúde e sociedade*. Belo Horizonte: Postgraduate, 1998.

ESTUDO HERS, Herlley et al. JAMA, 1998; 280:605-13.

ESTUDO WHI. JAMA, 2002; 288: 321-333.

KASTENBAUM, R. *Velhice: Anos de plenitude*. S.l.: Harper & Row do Brasil, 1981.

LEMGRUBER, Ivan, PÓVOA, Luiz César e CARNEIRO, Roberto (orgs.). *Perimenopausa, climatério e senectude*. Rio de Janeiro: Revinter, 1999.

PRADO, S. D. (org.) *Saúde e condições de vida do idoso*. Série Textos sobre Envelhecimento. Centro de Referência e Documentação Sobre Envelhecimento. Rio de Janeiro: UnATI/UERJ, nov. 1998.

RUSSO, Luis Augusto Tavares. "Métodos diagnósticos na osteoporose". In: LEMGRUBER, Ivan, PÓVOA, Luiz César e CARNEIRO, Roberto (org.). *Perimenopausa, climatério e senectude*. Rio de Janeiro: Revinter, 1999.

VERAS, R. P. *País jovem com cabelos brancos. A saúde do idoso no Brasil*. Rio de Janeiro: UERJ/Relume-Dumará, 1994.

Este livro foi composto na tipologia Minion em corpo 11/16 e impresso em papel Offset 90g/m² no Sistema Cameron da Divisão Gráfica da Distribuidora Record.